Moritz Borgmann

DER AKTIEN UND ETF GUIDE

Alle Ratschläge in diesem Buch wurden vom Autor und vom Verlag sorgfältig erwogen und geprüft. Eine Garantie kann dennoch nicht übernommen werden. Eine Haftung des Autors beziehungsweise des Verlags für jegliche Personen-, Sach- und Vermögensschäden ist daher ausgeschlossen.

Email: info@edition-lunerion.de
www.edition-lunerion.de

Psiana eCom UG
Berumer Str. 44
26844 Jemgum

Inhalt

Aktien und ETFs – die Frage nach dem Warum 1
Ziel des Buches und der Lesegruppe 1

Grundlagen von Aktien 2
Was sind Aktien? 2
Kauf und Handel mit Aktien 3
Arten von Aktien 12

Grundlagen von ETFs 16
Was sind ETFs? 16

Grundlagen von ETCs... 24
Was sind ETCs? 24
ETCs und ETFs im Vergleich 25

Steuern für Aktien, ETFs und ETCs 26
Steuern auf Kapitalerträge reduzieren 27
Steuern auf Altbestände 27

Möglichkeiten der Analyse von Aktien 29
Geschichte der Aktienanalyse 29
Was ist eine Aktienanalyse? 30
Ist eine Aktienanalyse zuverlässig? 33
Durchführung einer Aktienanalyse 34
Anleitung für eine Aktienanalyse auf einen Blick 34

Bilanzen und Kennzahlen 35
Die Bilanz eines Unternehmens 35

Charts und Trends 39
Trends 40
Richtungen von Trends 41
Charts und Charttechnik 45
Beispiele von Charts 46
Trading-Indikatoren 54
Besondere Chartmuster 64

Auswahl von Aktien und ETFs 74
Auswahl von Aktien 74
Kennzahlen bei Aktien 75
Neun Tipps für Aktienanleger 84
Auswahl von ETFs.. 87
Drei Schritte zum passenden ETF.. 91

Anlagestrategien.. 93
Auswahl der gängigsten Anlagestrategien.. 93

Branchen und Sektoren.. 102
Klassifizierung von Branchen & Sektoren 103

Risiko- und Money-Management 105
Unterschied Risiko- und Money-Management.................................. 106
Diversifikation 107

Aktiendepot eröffnen/verwalten 108
Depot eröffnen 108
Online-Broker oder Bank?.. 110
Produktkatalog benennen 110
Auswahl Handelsplätze.. 111
Handelskosten 112

Psychologie des Investierens.. 113
Gier.. 114
Hochmut 116
Selbstvertrauen / Hoffnung / Angst.. 116
Euphorie / Frust 117
Gewinne / Verluste und der Umgang damit..................................... 117

Fortgeschrittene Strategien.. 118
Stop-Loss-Order 118
Derivate.. 119

Workbook – eine Einführung 121
Einleitung (11 Schritte zum Erfolg) 121
1. Schritt – Umfassendes Basiswissen 122
2. Schritt – Grundlagen der Chartanalyse 126
3. Schritt – Persönliche Zielsetzung 127
4. Schritt – Finanzinstrument bestimmen 128
5. Schritt – Broker auswählen 129
6. Schritt – Depot / Konto eröffnen 130
7. Schritt – Strategien festlegen 131
8. Schritt – Risikomanagement anwenden 132
9. Schritt – Trading-Tagebuch 134
10. Schritt – Trading-Psychologie 137
11. Schritt – Weiterentwicklung 137
Auflösungen der Übungen 138

Bonus: Daytrading 140
Unterschied Daytrading / Scalping / Swing-Trading 141
Vor- und Nachteile Daytrading 144
Vor- und Nachteile Scalping 144
Vor- und Nachteile Swing-Trading 145
Warum als Daytrader aktiv sein? 145
Daytrading als Beruf 146
Was kann ein Daytrader verdienen? 146
Womit sollte ein Daytrader handeln? 149

Regeln für ein erfolgreiches Daytrading 150
Trading-Plan erstellen 150
Der Ertrag hat immer Vorrang 151
Nicht zu viele Handelsplattformen gleichzeitig nutzen 151
Nur mit festen Positionsgrössen handeln 152
Regeln festlegen 153
Typische Anfängerfehler vermeiden 154
Führen eines Daytrading-Tagebuches 156

Aktien und ETFs - die Frage nach dem Warum

Gerade in der heutigen Zeit ist es besonders wichtig, sich Gedanken über die finanzielle Lage, insbesondere für die Zukunft, zu machen. Dabei geht es meistens immer wieder um das eine Thema: Kostensteigerung! Es wird alles teurer. Miete, Kosten für Energie und Steuerabgaben steigen teilweise im rasanten Tempo, während Gehälter, Löhne und Renten nur geringfügig steigen. Wie können Sie also Geld sparen und möglichst auch noch vermehren?
Wie beschrieben: Mit dem „normalen" Lohn bzw. Gehalt lässt sich das in dieser Form nicht umsetzen. Auch das „klassische" Sparkonto, mit dem schon Ihre Eltern und Großeltern Geld beiseitelegen konnten, hat ausgedient. Das gilt auch für Altersvorsorgen, z. B. Riester-Rente. Noch einmal! Alle diese Maßnahmen haben eines gemeinsam: Sie werfen kaum Zinsen ab und die hohe Inflation sorgt zusätzlich für einen entsprechenden Kapitalverlust.

Warum also nicht Aktien kaufen? „Zu risikoreich", werden Sie jetzt vermutlich sagen – stimmt nicht! Mit Aktien stehen Ihnen nicht nur interessante Möglichkeiten zur Verfügung. Wenn Sie geschickt vorgehen und insbesondere Ihr Eigenkapital in einem breit gestreuten Aktienpaket, einem sogenannten ETF (**siehe Kapitel 3 ff.**), anlegen, schaffen Sie sich eine dauerhafte Kapitalanlage für Ihre Altersvorsorge und können Ihr Erspartes langfristig und stetig wachsen lassen. Durchschnittliche Renditen zwischen 8 und 10,5 % pro Jahr sind nicht ungewöhnlich.

Ziel des Buches und der Lesegruppe

Dieses Buch ist für Leser geeignet, die sich für den Aktienhandel interessieren, als Börsen-Einsteiger durchstarten und Kapital aufbauen wollen, sich aber noch unsicher fühlen und einfach den „letzten Kick" für den Einstieg in die Börsenwelt benötigen. Aktien, und aufgrund ihrer breiten Streuung insbesondere ETFs **(siehe Kapitel 3 ff.),** sind für Sie als Neueinsteiger in die Finanzwelt ideal und bieten Ihnen eine Vielzahl von Möglichkeiten, Kapital aufzubauen. Dieses Buch wird Sie schrittweise an die Prinzipien des Aktienhandels heranführen und Sie werden lernen,

- **Anlagestrategien zu entwickeln,**
- **Ihr Risiko zu minimieren,**
- **Ruhe zu bewahren,**
- **Kapital zu erwirtschaften.**

So können Ihre Wünsche, Ihre Träume, sich in Realität verwandeln!

Grundlagen von Aktien

Was sind Aktien?

Bei einer Aktie handelt es sich um ein sogenanntes Wertpapier, mit dem Sie einen Anteil eines Unternehmens (Aktiengesellschaft) erwerben können. Genau betrachtet ist eine Aktie zuerst einmal nichts anderes als ein „gewöhnlicher" Geldschein. Beide sind ursächlich mit einem aufgedruckten, festen Wert gekennzeichnet. Der Unterschied liegt darin, dass bei einer Banknote der aufgedruckte Wert immer konstant bleibt. Einhundert Euro bleiben immer einhundert Euro, auch wenn man, bedingt durch Währungsschwankungen, nicht immer die gleiche Menge an Warengütern dafür erwerben kann. Dieser aufgedruckte Wert wird in der Finanzwelt auch als *Nenn*- bzw. *Nominalwert* bezeichnet.

Aktien dagegen sind zwar auch mit einem festen Wert gekennzeichnet, können aber nicht zum Erwerb von Warengütern eingesetzt werden. Aktien sind Wertpapiere, die man kaufen bzw. verkaufen und dadurch Anteile an dem Kapital eines Unternehmens (Aktiengesellschaft =AG) erwerben bzw. abstoßen kann. Die Aktie ist genau betrachtet ein Instrument der Unternehmensfinanzierung. Der Unterschied zum „gewöhnlichen" Geldschein liegt jetzt darin, dass der aufgedruckte Nenn- bzw. Nominalwert nicht gleich bleibt. Hier müssen einhundert Euro nicht dauerhaft einhundert Euro bleiben. Aktien werden auf dem Aktienmarkt (Börsen) gehandelt und je nach wirtschaftlicher Entwicklung der Aktiengesellschaft kann sich der Nenn- bzw. Nominalwert positiv (Gewinn) oder negativ (Verlust) entwickeln. So können aus einhundert Euro schnell einhundertzwanzig oder aber auch nur achtzig Euro werden.

Kauf und Handel mit Aktien

Zuerst einmal sollten Sie nachfolgende Fachbegriffe verstehen, die beim Kauf und dem Handel immer wieder auftreten werden.

Wichtige Begriffe

Trader

Unter einem Trader versteht man eine Person, die den Handel von Aktien an einer oder mehreren Börsen durchführt, um dadurch Profite zu erwirtschaften. Um als Trader aufzutreten, benötigt man keine spezielle Ausbildung oder ein Studium. Ausreichende Kenntnisse der Finanzwelt sind aber zwingend notwendig. Daher könnten Sie selbst als Privatperson als sogenannter „privater Trader" auftreten. Angestellte einer Bank oder einer spezialisierten Trading-Firma werden dagegen als „institutionelle Trader" bezeichnet. In beiden Fällen wird durch den Trader das Risiko von Verlusten getragen.

Trading

Hiermit wird der eigentliche Handel, die Bewegung von Aktien, an einer Börse bezeichnet.

Broker

Unter einem Broker versteht man einen Vermittler bzw. Makler, der auf Rechnung eines Auftraggebers An- und Verkäufe für Aktien entgegennimmt und an einer Börse ausführt. Online-Broker erhalten für diese Dienstleistung neben den normalen Gebühren zusätzlich eine entsprechende Provision.

Depot

Unter einem Depot versteht man ein virtuelles Lager von Wertpapieren, z. B. Aktien. Eingerichtet ist ein Depot bei einem Finanzinstitut. Über das Depot werden sämtliche Bewegungen (Ankauf und Verkauf) durchgeführt.

Bullen- und Bärenmarkt

Was haben diese Bezeichnungen mit dem Aktienhandel zu tun? Genau lässt sich diese Frage nicht beantworten, allerdings neigt der Mensch von Natur aus dazu, für besondere Geschehnisse einen tierischen Vergleich zu ziehen. Eine mögliche Erklärung wäre aber:

- Bullen rennen mit ihren mächtigen Hörnern wild auf ein Ziel zu und können z. B. schwerste Gegenstände kraftvoll von unten nach oben drücken.
- Bären dagegen vollziehen mit ihrer Kraft das genaue Gegenteil. Sie drücken z. B. ihre Beute mit den kräftigen Pfoten nach unten.

Beide Definitionen können daher eher als Synonym für stark steigende und stark fallende Kurse herangezogen werden. Die realen Kurse werden analog zu den Marktbezeichnungen als „bullisch" bzw. „bärisch" bezeichnet.

Ob diese Erklärungen nun plausibel sind oder nicht, Sie werden in diesem Buch und sicher auch in Ihrem zukünftigen Handel mit Aktien mit diesen Bezeichnungen immer wieder konfrontiert werden, manchmal auch in abgewandelter Form.

Bullenmarkt / Bullisch

Was sind aber die wirtschaftlichen Faktoren, die Kurse stark ansteigen lassen und somit einen Bullenmarkt aufleben lassen? Sicherlich spielt dabei eine Vielzahl von Faktoren eine Rolle. Zu den drei entscheidendsten dürften aber gehören:

- eine stark boomende Wirtschaft
- daraus resultierend eine hohe Beschäftigungsquote
- daraus wiederum resultierend eine niedrige Arbeitslosenquote

Anleger schenken derartigen Kursentwicklungen ein besonderes Augenmerk, da sie „das schnelle Geld" versprechen.

Bärenmarkt / Bärisch

Bei dieser Definition handelt es sich um das genaue Gegenteil zum Bärenmarkt. Hier gehen die Kurse sprichwörtlich „in den Keller", und zwar kräftig. Verluste von 20 % im Quartal sind nicht ungewöhnlich. Es ist daher nicht verwunderlich, dass Anleger den Handel mit diesen Aktien weitaus vorsichtiger betreiben. Im Gegenteil! Man trennt sich von Aktien, was den Kursverlust noch weiter antreibt. Nur gewiefte Zocker bleiben jetzt im Geschäft!

Welche entscheidenden Faktoren spielen aber eine Rolle bei der Entwicklung eines Bärenmarktes? Auch hier gibt es eine Vielzahl von Faktoren, die aber alle wirtschaftlich, politisch oder gesellschaftlich begründet sind und die sich im Wert einer Aktie widerspiegeln. Zu den drei entscheidendsten dürften aber gehören:

- platzende Spekulationsblasen
- platzende Immobilienblasen
- Finanz- und Bankenkrisen

Wie sollen Sie aber nun mit bullischen und bärischen Aktienverläufen umgehen? Lassen Sie sich dabei nicht von Emotionen lenken. Bullische Aktien sind grundsätzlich mit einem großen Optimismus aufgrund steigender Kurse behaftet. Bärische Aktien werden dagegen eher von ängstlichen Gefühlen begleitet. Beobachten Sie die Kurse noch intensiver als üblich und wenn Sie einen kleinen Hang zum Risiko haben, können Sie durchaus Gewinne einfahren.

Beispiel: Während der Phase eines Bärenmarktes sinken gewöhnlich die Preise, auch für ursprünglich hochwertig gehandelte Aktien. Das ist Ihre Chance für den Erwerb hochwertiger Aktien zu einem niedrigen Preis! Tritt z. B. nach einiger Zeit das Gegenteil, der Bullenmarkt, ein, können Sie diese Aktien mit einem hohen Preis wieder verkaufen!

Warum sollten Sie aber dieses Risiko eingehen? Diese Frage lässt sich einfach beantworten: Der Aktienhandel unterliegt tendenziellen Zyklen. Sie können davon ausgehen, dass nach jedem Bullenmarkt ein Bärenmarkt und umgekehrt folgt. Lediglich die Zeitfrage unterliegt keinem Zyklus. Das wäre auch das Risiko, das Sie beachten müssen.

Kauf von Aktien

Einen Kauf von Wertpapieren können Sie auf drei Wegen vornehmen:
1. Persönlich bei einem Berater Ihres Finanzinstitutes
2. Telefonisch, per Mail oder Fax bei einem Berater Ihres Finanzinstitutes
3. Per E-Mail online bei Ihrem Online-Broker

Sie benötigen dafür allerdings eine von zwei Wertpapierkennnummern:

1. WKN

Bei dieser Nummer handelt es sich um eine Kombination aus 6 Zahlen bzw. Buchstaben, wobei die Buchstaben „I" und „O" nicht verwendet werden, da eine Verwechslung mit den Zahlen „1" und „0" möglich wäre. Die WKN kam vorrangig in Deutschland zum Einsatz, bevor Sie im Jahr 2003 durch die international gültige ISIN ersetzt wurde.

Beispiel einer WKN

1	**2**	**3**	**4**	**5**	**6**

X	Y	Z	0	0	1
Kürzel der Aktiengesellschaft			Nationale Identifikationsnummer		

oder

2. ISIN (Internationale Wertpapierkennnummer)

Diese Nummer ist die Kombination von 12 Stellen, bestehend aus Zahlen und Buchstaben. Mit ihr können die meisten Wertpapiere, die an einer Börse gehandelt werden, identifiziert werden. Die ISIN kam erstmalig im Jahr 2003 als Ersatz für die WKN zum Einsatz.

Beispiel einer ISIN

1	**2**	**3**	**4**	**5**	**6**	**7**	**8**	**9**	**10**	**11**	**12**

D	E	1	2	3	4	5	6	7	8	9	10
Ländercode		Internationale Identifikationsnummer									Prüfnr.

Handel mit Aktien

Der Handel mit Aktien erfolgt nicht direkt an den Börsen, sondern stets über Berater Ihrer Hausbank, über Berater von Direktbanken oder über einen sogenannten Online-Broker. Während Berater von Banken dort auch angestellt sind, fungieren Online-Broker über Unternehmen, die sich ausschließlich auf das Geschäft mit dem Handel von Wertpapieren spezialisiert haben. Die Besonderheit von Online-Brokern lässt sich bereits in der Bezeichnung erkennen. Sie übernehmen Aufträge zum Kauf bzw. Verkauf von Aktien ausschließlich über den digitalen Weg. Berater der Haus- und Direktbanken können während der Geschäftszeiten telefonisch oder auch durch einen Besuch in der Bank für den Kauf- bzw. Verkauf von Aktien beauftragt werden. Der Vorteil von Bankberatern liegt des Weiteren darin, dass in einem Gespräch auch eine Beratung über mögliche Anlagestrategien erfolgen kann.

Handelskosten von Aktien

Nichts ist umsonst, sagt man ja häufig. Das gilt auch für ein Aktiendepot. Allerdings liegen die anfallenden Kosten nicht nur in einem überschaubaren Rahmen, sondern eine Berechnung wird auch, je nach Finanzinstitut, unterschiedlich angewandt. Zu den gängigsten Gebühren zählen:

Depotgebühren

Hierbei handelt es sich um reine Verwaltungsgebühren des Finanzinstitutes. Depotgebühren kann man analog zu den Gebühren eines Schließfaches betrachten. Bei einer entsprechenden Bewegung innerhalb des Depots verzichten mittlerweile immer mehr Finanzinstitute auf diese Gebühr.

Inaktivitätsgebühr

Diese Gebühr wird fällig, wenn über einen vereinbarten Zeitraum keine Handelsaktivitäten erfolgen.

Ordergebühren

Diese Gebühren fallen stets an, wenn ein Auftrag für einen An- bzw. Verkauf eines Wertpapiers anfällt. Diese Gebühren können je nach Finanzinstitut unterschiedlich berechnet werden, z. B.:

- Prozentual anhand des Volumens eines An- bzw. Verkaufs
- Pauschal pro Auftrag für einen An- bzw. Verkauf
- Mischberechnung über alle Transaktionsmöglichkeiten (meistens die ungünstigste Gebührenform, da kleine Aufträge teuer berechnet werden!)

Börsengebühren

- Anfallende Gebühren individuell je nach Handelsplatz (Börsenstandort)

Limitgebühr

- Diese Gebühr fällt immer dann an, wenn ein Auftrag bei einer erheblichen Spanne zwischen dem Wert bei Auftragserteilung und dem Wert beim An- bzw. Verkauf nicht ausgeführt werden kann. Da diese Situation einen erheblichen Mehraufwand für den Broker bedeutet und durch die nicht umgesetzte Transaktion keine Ordergebühr für einen erfolgreichen Trade anfällt, fällt diese Gebühr an.

Chancen und Risiken von Aktien

Als Neueinsteiger in den Aktienhandel eignet sich eine Investition in Aktien insbesondere dann, wenn Sie Ihre Aktivitäten zunächst auf ein einzelnes Unternehmen (AG) konzentrieren. Mit mehr Erfahrungen können Sie später mit Aktien Ihr individuelles Aktienpaket schnüren. So schaffen Sie sich eine entsprechende Bandbreite der unterschiedlichsten Unternehmen. Mit dem Kauf einer Aktie beteiligen Sie sich an dem Kapital einer Aktiengesellschaft. Sie können einerseits an dem finanziellen Erfolg der Aktiengesellschaft partizipieren, müssen aber auch ggf. für den finanziellen Misserfolg der Aktiengesellschaft eintreten. Daher sollten Sie sich immer bewusst sein, dass Aktien nicht nur Chancen bieten, sondern auch Risiken.

Chancen: Wie bereits beschrieben, beteiligen Sie sich durch den Kauf einer Aktie an dem Kapital einer Aktiengesellschaft. Sie werden durch den Kauf zu einem sogenannten Aktionär, genau betrachtet zu einem Miteigentümer mit Rechten und Pflichten an dieser Aktiengesellschaft. Sie können einerseits an dem finanziellen Erfolg der Aktiengesellschaft partizipieren, aber auch ggf. für einen finanziellen Misserfolg der Aktiengesellschaft eintreten.

Neben dem Kauf einer Aktie und der dadurch vorhandenen Beteiligung am Kapital der Aktiengesellschaft erwerben Sie, je nach Art der ausgegebenen Aktie (**siehe Kapitel 2.2.8**), auch Rechte und Pflichten:

Die wichtigsten Rechte sind z. B.
- **das Mitspracherecht im Unternehmen**
- **das Wahlrecht bei Aktionärsversammlungen (AG-Hauptversammlung)**

Beide Rechte werden im Unternehmen zwangsläufig durch die jährlich stattfindende Aktionärsversammlung (gesetzlich verpflichtend!) gewährleistet. Auf diesen Versammlungen können Sie z. B. auf folgende Themen direkt Einfluss nehmen:
- **Billigung des Jahresabschlusses und Entlastung des Vorstandes**
- **Mögliche Übernahme neuer Geschäftsfelder**
- **Kapitalbeschaffung für neue Geschäftsfelder**
- **Festlegung zu Gewinnausschüttungen**
- **Maßnahmen bei Verlusten der AG**
- **Wahl des Vorstandes für das neue Geschäftsjahr (kann auch als Bestätigung des amtierenden Vorstandes erfolgen)**
- **Satzungsänderungen**

Risiken

Das besondere Risiko beim Kauf einer Aktie könnte in der Investition in ein einzelnes Unternehmen liegen, denn damit sind Sie äußerst abhängig von der Entwicklung, insbesondere einer negativen Entwicklung, des Unternehmens. Dies allein ist schon Grund genug, nach Ihrem Einstieg in den Aktienhandel schnell über die bereits erwähnte Streuung Ihrer Aktien nachzudenken.

Ein weiteres grundsätzliches Risiko liegt direkt im Handel mit Aktien, besser gesagt in den natürlichen Schwankungen eines Kurses. Sollten Sie die Kursentwicklung nicht ständig beobachten, können schnell ungewollte Verluste drohen. Dies könnte sogar zu einer Insolvenz (zeichnet sich im Regelfall durch den rasanten Kursverfall an!) oder einer Zahlungsunfähigkeit der Aktiengesellschaft und somit zum Totalverlust Ihres Kapitals führen. Grundlage hierfür ist, dass ein aus Aktien gebildetes Kapital zum Grundkapital eines Unternehmens zählt und somit als Masse in einer Insolvenz betrachtet wird.

Allgemeine Risiken von Aktien

Neben den bereits beschriebenen Risiken, die Sie als Anleger bei einer regelmäßigen Kursbewertung entdecken können, gibt es auch allgemeine Risiken, auf die Sie keinen direkten Einfluss haben. Dazu gehören z. B.:

Das Marktrisiko

Unter diesem Begriff versteht man unvorhersehbare Auswirkungen auf die Börsen, resultierend aus Problemen der weltweiten Wirtschaft, starken politischen Veränderungen und einschneidenden Umweltveränderungen.

Das Kreditrisiko

Kreditrisiken entstehen immer dann, wenn der Partner, mit dem Sie handeln, in finanzielle Schwierigkeiten gerät. Ein Beispiel wäre die Insolvenz einer Aktiengesellschaft. Mit Bekanntgabe der Insolvenz werden Sie als Aktionär zum großen Verlierer.

- Sie müssen damit rechnen, dass der Wert Ihrer Aktie im Börsenhandel rapide sinkt, teilweise sogar bis auf einen Null-Wert. Aber selbst, wenn noch ein kleiner Wert erreicht wird, heißt das noch lange nicht, dass Ihnen dieser Wert auch ausgezahlt wird
- Ihnen steht zwar das Aktiengesetz zur Seite, das grundsätzlich regelt, dass Aktionäre am Liquiditätserlös beteiligt werden. Das Vermögen der AG reicht allerdings in der Regel noch nicht einmal aus, alle Gläubiger der AG zu bedienen, und Sie als Aktionär werden mit Ihren Forderungen noch hinter den Gläubigern geführt. Meistens reicht die vorhandene Insolvenzmasse aber nicht mehr für die Aktionäre.

Liquiditätsrisiko

Dieses Risiko entsteht immer dann, wenn Kauf und Verkauf nicht im Einklang mit Angebot und Nachfrage stehen.

Beispiel: Sie wollen Ihre Aktie verkaufen, können dies aber nicht zu dem gewünschten Kurs abwickeln. Dadurch steht Ihnen kein frisches Kapital zum Kauf einer anderen Aktie zur Verfügung. Ihr Kapital wäre somit unfreiwillig gebunden.

Währungsrisiko

Dieses Risiko besteht immer dann, wenn Sie eine Aktie nicht in der heimischen Währung, sondern in einer fremden Währung kaufen, z. B. anstatt in Euro in Dollar. Sinkt nun aus finanztechnischen Gründen der Devisenkurs, sinkt auch der Wert Ihrer Aktie.

Beispiel: Der Euro wird gegenüber dem Dollar abgewertet. Durch den Wertverlust des Euros müssen Sie jetzt für Aktien, die in Dollar gehandelt werden, entsprechend mehr bezahlen.

Rechte und Pflichten eines Aktionärs

Durch den Erwerb von Wertpapieren einer Aktiengesellschaft erhalten Sie nicht nur finanzielle Anteile am Unternehmen, sondern auch, je nach Abhängigkeit des Aktientyps, spezifische Rechte. Die Grundlagen dieser Rechte basieren auf drei Eckpunkten:

- **dem Aktiengesetz**
- **der Satzung der Aktiengesellschaft**
- **dem Umfang Ihrer Beteiligung an der Aktiengesellschaft**

Rechte

Teilnahme an Hauptversammlungen der Aktiengesellschaft

Als Aktionär werden Sie von der Aktiengesellschaft rechtzeitig schriftlich über eine anstehende Hauptversammlung informiert.

> **Hinweis:**
> Hauptversammlungen einer Aktiengesellschaft finden in der Regel einmal pro Jahr statt.

Mit Ihrer persönlichen Anmeldung erwirken Sie das Recht der Teilnahme an dieser Versammlung. Inwieweit Sie ein Stimmrecht ausüben können, ist abhängig von der Art Ihrer Aktie. Stimmrecht haben nur Inhaber von Stammaktien **(siehe Kapitel 2.3.1)** und von Vorzugsaktien **(siehe Kapitel 2.3.2)**.

Auszahlung einer Dividende

Eine Aktiengesellschaft wird in der Regel schon im Vorfeld der Hauptversammlung bekannt geben, dass ein Teil vom Gewinn des Unternehmens an die Aktionäre ausgeschüttet wird. Das Recht auf Auszahlung einer Dividende haben Sie allerdings ebenfalls nur als Inhaber von Stamm- bzw. Vorzugsaktien.

Recht auf Auskunft

Der Vorstand einer Aktiengesellschaft ist verpflichtet, auf einer Hauptversammlung grundsätzlich über die finanzielle Entwicklung des Geschäfts in allen Details Bericht zu erteilen. Als Aktionär haben Sie aber zusätzlich das Recht, auch Antworten auf Fragen zu einzelnen Bereichen des Unternehmens zu erhalten.

Bezugsrecht

Um zusätzliches Kapital zu erhalten, z. B. für eine Geschäftserweiterung, kann eine Aktiengesellschaft zusätzliche Aktien ausgeben. Diese Erhöhung des Kapitals der Aktiengesellschaft würde allerdings für Sie als Aktionär bedeuten, dass Ihre kapitaltragenden Anteile am Unternehmen weniger werden, da jetzt mehr Aktien an der Börse gehandelt werden. Auch mögliche Dividenden können sich verringern, da nun an mehr Aktionäre Dividenden ausgezahlt würden.Um dies zu verhindern, steht Ihnen als „Alt-Aktionär" das Recht zu, ein vom Vorstand der Aktiengesellschaft festgelegtes Kontingent dieser neuen Aktien zu erwerben, bevor die Aktien in den freien Verkauf gelangen. Dieses Recht des Vorankaufs wird als Bezugsrecht bezeichnet.

Pflichten

Zahlung

Als Käufer von Aktien verpflichten Sie sich mit Erwerb der Dokumente, diese auch sofort zu bezahlen. Nachträgliche Zahlungen, Ratenzahlungen oder sonstige Abmachungen sind nicht gültig.

Verpflichtung zur Treue

Mit dem Erwerb von mindestens einer Aktie verpflichten Sie sich, nichts Schädliches gegenüber der Aktiengesellschaft vorzunehmen. Dies ist zwar eine generelle Verpflichtung, die allerdings vorrangig bei Großaktionären bewertet wird. Bei Kleinanlegern wird eine mögliche Schädigung eher milder betrachtet. Sie sollten sich aber trotzdem an diese Verpflichtung halten.

Arten von Aktien

Mit Ausgabe eines Aktienpaketes und dem daraus erzielten frischen Kapital bezwecken Aktiengesellschaften einerseits, die Entwicklung des Unternehmens zu fördern, andererseits aber auch, die Liquidität des Unternehmens zu sichern. Diese Ziele werden im Vorfeld einer Aktienausgabe durch den Vorstand der Aktiengesellschaft sehr genau definiert. Da aber Käufer dieser Aktien das logische Interesse haben, mit ihrem investierten Kapital Gewinne zu erzielen, liegt es auf der Hand, dass Aktionäre auch Einfluss auf das Unternehmen nehmen wollen. Genau diese Möglichkeiten des Einflusses werden ebenfalls im Vorfeld einer Aktienausgabe durch den Vorstand der Aktiengesellschaft definiert – übrigens auch die Pflichten der Aktionäre.

Diese unterschiedlichen Interessen haben mittlerweile dazu geführt, dass heutzutage am Aktienmarkt, gemäß deutschem Aktienrecht, vier unterschiedliche Arten gehandelt werden:

- **die Stammaktie**
- **die Vorzugsaktie**
- **die Inhaberaktie**
- **die Namensaktie**

Diese Aktien werden im Nachfolgenden näher erläutert.

Die Stammaktie

Bei dieser Aktie handelt es sich um die gängigste Form am Aktienmarkt. Aktionäre mit Stammaktien können durch Ausübung ihres Stimmrechts direkt Einfluss auf die Geschäftspolitik der Aktiengesellschaft nehmen. Des Weiteren werden sie bei Gewinnausschüttungen alle gleich behandelt. Das bedeutet, dass Gewinne für jede einzelne Aktie und nicht nach etwaigem Umfang eines Aktienpaketes ausgeschüttet werden.

Für den Erwerb einer Stammaktie muss der zukünftige Aktionär eine sogenannte Einlagenleistung in Höhe der festgelegten Kapitalhöhe einer einzelnen Aktie erbringen. Eine *Nachschusspflicht* besteht nicht. Das bedeutet, dass der Aktionär weder verpflichtet ist, seine Einlageleistung zu erhöhen, noch für entstandene Verluste zu haften hat.

Hinweis:
Um den Aktiengesellschaften eine Transparenz hinsichtlich ihrer Aktionäre zu ermöglichen, gilt in Deutschland die Verpflichtung für jeden Aktionär, sich mit Namen, Adresse und Anzahl der erworbenen Aktien erfassen zu lassen. Diese Verpflichtung wird durch das bundesdeutsche Aktiengesetz (AktG) § 67 geregelt.

Die Vorzugsaktie

Unter dieser Form einer Aktie versteht man die etwas „abgespeckte" Form einer Stammaktie. Der Unterschied besteht darin, dass den Inhabern dieser Aktienform ein finanzieller Vorzug gewährt wird. Sie erhalten eine höhere Gewinnauszahlung (Dividende), müssen aber im Gegenzug auf bestimmte Rechte, z. B. das Stimmrecht bei Aktionärsversammlungen, verzichten. Besonders zu beachten sind die beiden Varianten einer Vorzugsaktie:

a. Die wandelbare Vorzugsaktie

Diese Form einer Vorzugsaktie kann zu einem bestimmten Termin, z. B. einer Aktionärsversammlung, in eine Stammaktie umgewandelt werden.

b. Die kumulative Vorzugsaktie

Bei dieser Form einer Vorzugsaktie besitzt der Inhaber einen Anspruch auf eine Dividende, auch wenn die Aktiengesellschaft keinen Gewinn erzielt hat.

Hinweis:
Auch hier gilt: Der Inhaber einer Vorzugsaktie muss in § 67 AktG eingetragen sein.

Die Inhaberaktie

Während Stamm- und Vorzugsaktien mit Namen des Aktionärs ausgegeben werden, erfolgt die Ausgabe von Inhaberaktien anonym. Eine Inhaberaktie kann formlos an eine andere Person übertragen werden. Diese Aktie gehörte früher zu den gängigsten Formen. Heutzutage nimmt ihre Bedeutsamkeit allerdings immer mehr ab. Das gilt einerseits für ein Unternehmen, andererseits auch für den jeweiligen Besitzer. Die Vorteile einer Inhaberaktie liegen ohne Frage darin, dass ohne Formalitäten und ohne großen Aufwand mit dieser Aktie gehandelt werden kann. Es ist weder ein Eintrag in einem Aktienregister noch in einem Unternehmensregister notwendig. Allerdings ist genau die Anonymität dieser Aktienform der große Nachteil, insbesondere für den Vorstand einer Aktiengesellschaft. Zum einen ist ein Kontakt zu dem Inhaber dieser Aktie nicht möglich, zum anderen sind Aktionärsversammlungen nur bedingt planbar. Der Vorstand hat keinen Überblick über die Anzahl der Aktionäre. Das hat mittlerweile dazu geführt, dass Aktiengesellschaften auf die Ausgabe von Inhaberaktien immer mehr verzichten. Gesellschaften, die aktuell im DAX (Deutscher Aktien-Index) vertreten sind, geben nur noch Stammaktien aus.

Hinweis:
Eine Inhaberaktie wird nicht auf einen bestimmten Aktionär ausgestellt. Sie könnte sogar formlos auf eine andere Person übertragen werden. Aufgrund dieser Anonymität muss der Besitzer einer Inhaberaktie nicht im Aktienregister registriert werden.

Die Namensaktie

Im Gegensatz zur Inhaberaktie wird eine Namensaktie personifiziert. Möchte der Besitzer derartige Aktien veräußern, müssen zwei Maßnahmen erfolgen:

- Der Verkäufer muss sich beim Vorstand der Aktiengesellschaft den Verkauf genehmigen lassen.
- Der Verkäufer muss sich aus dem Aktienregister löschen, der Käufer dagegen eintragen lassen. Verantwortlich dafür ist der Verkäufer!

Hinweis:
Änderung zum 25.01.2001! Im Aktiengesetz § 67 ist unter dem Absatz 1 folgendes geregelt: Eine Namensaktie muss unter Angabe des Namens des Inhabers, seines Geburtsdatums, seiner Wohnanschrift, sowie einer elektronischen Adresse hinterlegt werden. Im Absatz 4 wird allerdings die Möglichkeit eines Widerspruchs geregelt, mit der die Registrierung persönlicher Daten

untersagt werden kann. In diesem Fall ist aber das depotführende Finanzinstitut verpflichtet, sich an Stelle des Aktionärs in das Aktienregister eintragen zu lassen.

Aktienfonds

Als Neuling am Aktienmarkt sollten Sie langsam und bedacht mit dem Handel beginnen. Im Regelfall starten Sie mit einer Aktie, ggf. mit mehreren einer einzigen Aktiengesellschaft als Aktienpaket. Das macht insofern Sinn, als das Handling mit Wertpapieren erst erlernt werden muss und man finanziell vorsichtig agieren sollte.

Mit ein wenig Erfahrung sollten Sie aber weitere Aktien, jetzt aber von anderen Aktiengesellschaften, dazukaufen. So bilden Sie für sich ein Aktienpaket, das man als Investmentfonds bezeichnen kann **(siehe Kapitel 2.3.5)**. Daraus ergeben sich einige Vorteile, aber auch Nachteile:

Vorteile:

- Je breiter Sie den Fonds streuen, umso niedriger ist das Risiko von Verlusten.
- Investmentfonds sind insolvenzgeschützt und werden als Sondervermögen betrachtet. Das bedeutet: Das Vermögen aller Anleger wird getrennt vom Vermögen der Aktiengesellschaft bei einer sogenannten Verwahrstelle verwaltet. Würde eine Fondsgesellschaft Insolvenz anmelden müssen, fällt das verwaltete Vermögen der Anleger nicht in die Konkursmasse.

Nachteile:

- Für den Erwerb von Aktien an der Börse fallen Gebühren an. Im Durchschnitt belaufen sich die Kosten auf 1,60 % im Jahr (Stand: 01.01.2023).
- Für Gewinne aus dem Aktienfonds müssen Sie Abgeltungssteuer zuzüglich Solidaritätszuschlag und ggf. Kirchensteuer zahlen.

Grundlagen von ETFs

Der Begriff ETF steht für **E**xchange **T**raded **F**unds, einem Aktienpaket (Fonds), das an einer Börse gehandelt wird. Wenn Sie sich über Aktien informieren, fällt dieser Begriff sehr schnell. Es besteht aber ein großer Unterschied zwischen Aktien und ETFs.

WAS SIND ETFS?

Einer von zwei entscheidenden Vorteilen eines ETFs liegt eben genau in der Streuung der Aktien. Dadurch lässt sich das Risiko eines Verlustes minimieren.

Der zweite Vorteil liegt darin, dass Sie Ihr Kapital nicht in eine Einzelaktie, sondern in den Wert des ETFs als Gesamtes anlegen. Der Wert des ETFs errechnet sich dabei aus dem Durchschnitt aller Aktienwerte, die sich im ETF befinden. Dieser durchschnittliche Wert wird auch als *Index* bezeichnet. Anstatt viele einzelne Aktien zu kaufen, erwerben Sie bei einem ETF lediglich Anteile an diesen. Das ist im Regelfall weitaus günstiger als der Kauf einer einzelnen Aktie.

Bei einem ETF ist genau festgelegt, welche Aktien darin vertreten sind. Diese Festlegung ändert sich im Regelfall nur selten, da ein ETF immer einen festgelegten Index nachbaut.

Beispiel: Ein ETF, aufgebaut auf dem Deutschen Aktien-Index (DAX), investiert in 40 Aktien, die alle im DAX gelistet sind. Wenn Sie also Anteil an diesem ETF kaufen würden, wären Sie an diesen 40 Unternehmen als Aktionär beteiligt. Aktien, die aus dem DAX herausfallen, werden vom Fondsmanager bzw. von der Fondsmanagerin verkauft, die Aktien von neuen DAX-Unternehmen werden dazugekauft.

Wichtig!
Bei der Investition in 1 Aktie erwerben Sie auch nur 1 Anteil des Unternehmens.
Bei der Investition in einen ETF erwerben Sie Teile dieses Fonds.

Zu den bekanntesten *Indizes* weltweit gehören z. B.:
- Deutschland = DAX, TecDAX
- USA = Dow Jones, S&P 500
- Japan = Nikkei

Wo Vorteile vorliegen, gibt es meistens auch Nachteile. Bei ETFs liegt ein Nachteil darin, dass Sie nicht persönlich und direkt an einer Börse handeln können. Dafür benötigen Sie ein sogenanntes Wertpapierdepot bei einer Bank oder einem lizenzierten Börsenhändler, auch als Broker bezeichnet.

Hinweis!
Bei Filialbanken gehören ETFs nicht zu den beliebtesten Produkten. Warum? Die Berater bei den Filialbanken handeln provisionsorientiert. Das bedeutet: Für jede Vermittlung einer Aktie fällt eine entsprechende Provision an – aber eben nur bei der „klassischen" Aktie, nicht bei Aktien eines ETFs. Lassen Sie sich aber davon nicht verunsichern. ETFs sind bestens geeignet, den Handel selbst zu übernehmen und für eine langfristige, erfolgreiche Finanzanlage, z. B. Ihrer Altersvorsorge, zu sorgen. Auch für Neueinsteiger im Aktienhandel sind ETFs bestens geeignet!

ETF-Fonds

Ein ETF-Fonds basiert darauf, dass Kapital von mehreren Anlegern „gesammelt" wird, um es dann in einer breiten Streuung an den Finanzmärkten (Börsen) zu investieren. Bei diesen Investitionen werden im Regelfall sogenannte Assetklassen berücksichtigt. Diese Assetklassen zeichnen sich dadurch aus, dass sie weitestgehend die gleichen Merkmale vorweisen, aber auch mit unterschiedlichen Chancen bzw. Risiken behaftet sind. Assetklassen bilden z. B.:

Investments

Aktienanteile an unterschiedlichen Unternehmen

Immobilien

Investition in die Entwicklung von Immobilien, vorrangig in Gewerbeimmobilien

Anleihen

Festverzinsliche Wertpapiere (Aktien) von Unternehmen

Geldmarkt

Festgeld- oder Tagesgeldkonten

Rohstoffe

Edelmetalle, Öl, Holz oder hochwertige Konsumgüter, z. B. Kaffee

Sammlerstücke

Kunstwerke, Uhren, Oldtimer, antike Möbel, Wein

Fonds jeglicher Art werden von einem Fondsmanager / einer Fondsmanagerin verwaltet, mit der Aufgabe, grundsätzliche Entscheidungen zur Anlagestruktur zu treffen. Dabei sind Bedingungen der Struktur des Fonds durch die Mitglieder des Fonds vorgegeben. Fondsmanager bzw. Fondsmanagerinnen sind Angestellte eines Finanzinstitutes.

Des Weiteren werden Fonds in zwei unterschiedliche Managementstrukturen unterschieden:

Aktives Fondsmanagement

Hierbei versucht der Fondsmanager / die Fondsmanagerin, durch gezielte, progressive Entscheidungen (Ankauf – Verkauf) höhere Erträge zu erwirtschaften.

Passives Fondsmanagement

Hierbei werden lediglich durchschnittliche Erträge angestrebt. Das bedeutet: Gezielte Entscheidungen (Ankauf – Verkauf) werden weniger progressiv durchgeführt.

Kauf von ETFs (Aktienpakete)

Bevor Sie sich als Neuling im Handel Gedanken über den Kauf von ETFs machen, sollten Sie folgenden Tipp beherzigen. Wenden Sie sich zunächst an Ihre Hausbank und lassen Sie sich dort ausführlich zu Themen rund um das Depot beraten. Ein Depot benötigen Sie zwingend für den Handel mit Aktien/ETFs. Des Weiteren benötigen Sie ein sogenanntes Verrechnungskonto. Auf dieses Konto können Sie das Geld einzahlen, das für den Ankauf von Aktien benötigt wird. Dieses Verrechnungskonto können Sie nicht, wie z. B. beim Girokonto, ins Minus laufen lassen. Es muss stets eine Deckung vorweisen. Aktien können nur gekauft werden, wenn das benötigte Kapital zur Verfügung steht. Sie können allerdings auch Gewinne aus dem Aktienhandel auf dieses Konto umbuchen und ggf. für den Ankauf weiterer Aktien verwenden.

Sollten Sie bereits Erfahrungen im Aktienhandel haben, können Sie sich selbstverständlich auch an einen Online-Broker / eine Fondsgesellschaft zum Eröffnen eines Depots wenden.

Der ETF-Sparplan

Gerade für Neueinsteiger im Aktienhandel bietet sich ein ETF-Sparplan an. Ihre Hausbank wird diese Möglichkeit garantiert ins Spiel bringen. Der ETF-Sparplan funktioniert genauso wie ein normaler Sparvertrag mit Ihrer Bank. Sie sparen monatlich einen Betrag (meistens schon ab 1,00 Euro). Dieser wiederkehrende Betrag wird, bei ausreichender Kontodeckung, automatisch für den Kauf von Aktien und den Aufbau Ihres Fonds verwendet. Der Vorteil liegt in der Kontinuität dieser Abwicklung. Der ETF-Sparplan bietet die Möglichkeit, mit wenig Geld regelmäßig über längere Zeit Kapital aufzubauen, ohne dass Sie sich im Detail darum kümmern müssen.

Handelskosten von ETFs

Auch der Handel von ETFs ist nicht frei von anfallenden Kosten und Gebühren. Diese sind aber, wie bei den Aktien, ebenfalls sehr überschaubar. Die Handelskosten setzen sich aus drei Faktoren zusammen:

TER (Total Expense Ratio)

Unter TER versteht man eine Gesamtquote aller sogenannten Verwaltungskosten. Dazu gehören neben den Verwaltungskosten auch Lizenz- und Marketinggebühren. Im Regelfall liegt die Quote TER bei 0,2 % der Investitionskosten.

Beispiel: Bei einer jährlichen Investition von 1.000 Euro beträgt die TER lediglich 2,00 Euro, bei 30.000 Euro jährlich lediglich 60,00 Euro. Sehr günstig!

Die TER muss von Ihnen nicht separat gezahlt werden. Ihr ETF-Anbieter entnimmt diese Kosten einmal jährlich aus dem vorhandenen Fondsvermögen, d. h., Ihr Gesamtvolumen minimiert sich um diesen Betrag.

Wichtig!
Die TER muss zwingend vom Anbieter vor einer Geschäftsabwicklung bekannt gegeben werden! Im Regelfall findet man diesen Hinweis im Fondsprospekt (Hausbank) oder auf der Website (Online-Broker).

Transaktions- und Depotkosten

Hierbei handelt es sich um klassische Verwaltungs- und Handelsgebühren, die bei jeder ETF-Transaktion anfallen. Diese Kosten werden von jedem Broker bzw. jeder Bank individuell festgelegt. Es lohnt sich daher auf jeden Fall ein Vergleich, zumal einige Broker bzw. Banken mittlerweile mit besonderen Angeboten werben, z. B. kostenlose Bearbeitungskosten für Sparpläne oder Depotkosten, anteilig nach vorhandenem Volumen.

Spreads

Hierbei handelt es sich um eine weitere Gebühr, die sich aus einer Differenz zwischen dem Ankauf und dem Verkauf von Wertpapieren bildet. Einige Depotanbieter locken mit Spreads, indem sie auf TER und Transaktions-/Depotkosten verzichten und stattdessen lediglich die Kosten für Spreads anbieten. Doch hier ist Vorsicht geboten. Ist der Spread schmal, lohnt sich der Handel für Sie als Investor, ist er dagegen breit, profitiert eher der Broker davon. Einfach erklärt: Bietet der Broker lediglich Spreads an, verstecken sich alle anderen Gebühren in seinem Spread-Angebot. Das kann ggf. sehr teuer werden! Sie sollten also genau abwägen und vergleichen.

Vorteile und Nachteile von ETFs

Vorteile: Der wichtigste Vorteil von ETFs liegt ohne Frage in den gering anfallenden Verwaltungskosten. Währen für die Verwaltung einzelner Aktien Gebühren bis zu einer Höhe von 2 Prozent pro Aktie anfallen, betragen die Gebühren von ETFs lediglich bis zu 0,8 Prozent vom Gesamtvermögen des Fonds.

Ein weiterer Vorteil von ETFs liegt darin, dass ETFs mehrmals am Tag an der Börse gehandelt werden – anders als Aktien, die im Regelfall nur einmal am Tag gehandelt werden. Dadurch sind ETFs transparent. Sie können sich mehrmals täglich via Internet über die Entwicklung des Fondskurses informieren und ggf. einen Verkauf veranlassen, um dadurch einerseits schneller an Geld zu kommen, um andererseits aber auch schneller wieder zu investieren.

Investitionen in ETFs sind sicher, da Ihre Anteile den rechtlichen Status eines Sondervermögens besitzen. Das bedeutet, dass im Fall einer Insolvenz Ihrer Bank oder Ihrer Fondsgesellschaft das Fondsvermögen nicht zur Abgeltung der Insolvenz herangezogen werden kann.

Je mehr unterschiedliche Wertpapiere ein ETF in seinem Index abbildet, umso besser ist er vor Verlusten geschützt.

Beispiel: Der Euro Stoxx 50 bildet in seinem Index 50 unterschiedliche Aktien ab, der S&P 500 schon 500 und der MSCI World bereits 1.500 unterschiedliche Aktien.

Nachteile: Bei ETFs müssen Sie, analog zu den klassischen Aktien, mit teilweise heftigen Kursschwankungen rechnen. Bis zu 50 % Schwankungen sind keine Seltenheit. Kurse steigen aber auch wieder. Allerdings ist es nicht ungewöhnlich, dass diese Schwankungen etwas länger andauern und Gewinne zunächst einmal ausbleiben. Daher sind ETFs für kurzfristige Planungen, z. B. die Finanzierung einer Immobilie, eher ungeeignet.

Ein weiterer Nachteil ist die Streuung eines ETFs. Sollte diese Streuung innerhalb einer Branche vorgenommen werden und sollte genau diese Branche in wirtschaftliche Probleme geraten, betrifft das natürlich auch den ETF. Diese Form eines ETFs wird in Fachkreisen als Themen-ETF bezeichnet. Zu den Themen-ETFs gehören z. B. Kryptowährungen, Edelmetalle oder bestimmte Industriezweige. Es ist also sinnvoll, im Vorfeld des Einstiegs in einen ETF zu prüfen, wie das Branchenverhältnis aufgebaut ist.

Cost-Average-Effekt

Wenn Sie Geld in Aktien bzw. Fonds/ETFs anlegen, tun Sie dies ausschließlich mit einem Ziel: Sie wollen eine möglichst hohe Rendite erzielen. Um dieses Ziel zu erreichen, können Sie zwei Wege wählen:

1. Sie investieren mit einer Einmalzahlung, möglichst zu dem Zeitpunkt, zu dem das von Ihnen ausgewählte Wertpapier niedrig bewertet ist. Ein möglicherweise schnell steigender Kurs beschert Ihnen dann eine sehr gute Rendite. Wunschdenken? Sicher nicht, allerdings sehr selten zu erreichen. Gleichzeitig kann der sogenannte Treppeneffekt eintreten. Darunter versteht man folgende Situation: Ihre Investition steigt an, fällt aber auch wieder ab. Sie steigt erneut wieder an und fällt erneut. Ihre Investition bewegt sich nur schrittweise und wenn Sie ausgesprochenes Pech haben, leider auch ins Minus. Mit dieser Variante neigen Sie zum Risiko – oder wie man es heute gerne bezeichnet: Hopp oder Topp!

2. Gehören Sie zu den etwas risikoärmeren Personen, werden Sie sich eher für eine weniger aufregende Situation entscheiden. Sie erwerben mit regelmäßigen Investitionen Ihre Wertpapiere, z. B. über einen Sparplan. Hierbei kommt der Cost-Average-Effekt zum Tragen. Finanzexperten behaupten mittlerweile, dass durch den regelmäßigen Kauf von Wertpapieren grundsätzlich eine höhere Rendite erreicht wird. Der Grund dieser Behauptung liegt im Durchschnittskosteneffekt (Cost-Average-Effekt), der bei einem Sparplan auftritt.

Wie entsteht der Cost-Average-Effekt?

Die monatliche Investition in einen Sparplan führt zwangsläufig dazu, dass Sie bei jedem Kauf von Wertpapieren unterschiedliche Kaufpreise zahlen. Aufgrund der Kursschwankungen erhalten Sie für Ihr Depot unterschiedlich viele Anteile mit unterschiedlichen Werten. In Ihrem Depot wird zwar ein Gesamtbestand/Gesamtwert ausgeworfen, trotzdem dürfte es für Sie von Interesse sein, wie hoch sich der durchschnittliche Anschaffungspreis pro Anteil darstellt.

Betrachten Sie daher Ihr Depot über einen längeren Zeitraum, z. B. sechs Monate, und ermitteln Sie den durchschnittlichen Preis, den Sie pro Anteil bezahlt haben. Wenn Sie diesen Preis mit den Kosten gleicher Wertpapiere im Einzelkauf (= aktueller Börsenwert) vergleichen, werden Sie mit ziemlicher Sicherheit feststellen, dass Sie günstiger gekauft haben. In diesem Fall spricht man von dem Durchschnittskosteneffekt, dem Cost-Average-Effekt.

Nachfolgend zwei Beispiele zur Errechnung des Durchschnittskosteneffekts, des Cost-Average-Effekts. Die Basis bildet ein Zeitraum von 6 Monaten.

Beispiel Anlageform 1: Sie kaufen über einen Sparplan pro Monat **eine feste Anzahl** von 3 Anteilen für Ihren Fonds.

Monat	Gekaufte Anteile (€)	Preis pro Anteil (€)	Preis Gesamt (€)	
Januar	3	40,00	120,00	
Februar	3	30,00	90,00	
März	3	30,00	90,00	
April	3	30,00	90,00	
Mai	3	50,00	150,00	**Preis Durchschnitt (€)**
Juni	3	60,00	180,00	
Summe	**18**		**720,00**	**40,00**

Die gekauften 18 Anteile ergeben über den Zeitraum von 6 Monaten einen durchschnittlichen Ankaufswert von 40,00 €. Bei 1 Monat (Januar) ist der Preis pro Anteil gleich dem Durchschnittswert, bei 3 Monaten (Februar, März und April) liegt er unter dem Durchschnittswert, bei 2 Monaten (Mai und Juni) darüber.

Beispiel Anlageform 2: Sie investieren über einen Sparplan pro Monat **einen festen Betrag** von 120,00 Euro für Ihren Fonds.

Monat	Gekaufte Anteile (€)	Preis pro Anteil (€)	Preis Gesamt (€)	
Januar	3	40,00	120,00	
Februar	4	30,00	120,00	
März	4	30,00	120,00	
April	4	30,00	120,00	
Mai	3	40,00	120,00	**Preis Durchschnitt (€)**
Juni	2	60,00	120,00	
Summe	**20**		**720,00**	**36,00**

Über den gesamten Zeitraum konnten insgesamt 20 Anteile mit einem durchschnittlichen Ankaufswert von 36,00 € gekauft werden. Bei 3 Monaten (Februar, März, April) liegt der Preis pro Anteil unter dem Durchschnittswert, bei 3 Monaten (Januar, Mai, Juni) darüber.

Besondere Erkenntnis: Obwohl Sie bei beiden Varianten eines Sparplans durch den Cost-Average-Effekt günstig einkaufen konnten, zeigt allerdings die Variante des **festen Sparbetrages (120 Euro)** einen Vorteil gegenüber der Variante der **festen Anzahl (3 Anteile).** Mit 36,00 € liegt der Cost-Average-Effekt deutlich unter den 40,00 € bei einer festen Anzahl von Anteilen.

Auch wenn dieses Rechenbeispiel grundsätzlich Vorteile darstellt, gibt es Finanzfachleute, die auch erhebliche Nachteile bzw. Risiken im Cost-Average-Effekt sehen.

Nachteile/Risiken des Cost-Average-Effekts

Die beiden Varianten eines Sparplans mit einem festen Sparbetrag bzw. mit festen Anteilen und der Vorteil des Cost-Average-Effekts sind sehr deutlich. Doch genau betrachtet gibt es ja auch noch eine dritte Variante, die Einmalanlage. Was müssen Sie als Anleger berücksichtigen, wenn Sie, gemäß der beiden Beispiele, die 720,00 Euro als Einmalanlage innerhalb des Zeitraums von 6 Monaten einsetzen möchten? Welche Risiken müssten Sie beachten und können Sie den Cost-Average-Effekt überhaupt ausnutzen?

Beispiel Anlageform 3: Sie investieren Ihr gesamtes Kapital von 720,00 Euro einmalig im Monat März. Der Wert pro Anteil liegt im Monat März bei 30,00 Euro. Sie würden also insgesamt 24 Anteile erwerben. Das wären, gesamt über den Zeitraum von 6 Monaten betrachtet, 6 Anteile mehr als in der Variante 1 und 4 Anteile mehr als in der Variante 2.

Sehr gut!

Sollten Sie aber Ihr gesamtes Kapital von 720,00 Euro erst im Juni anlegen, ergibt sich ein ganz anderes Ergebnis. Der Wert pro Anteil liegt im Monat Juni bei 60,00 Euro. Sie würden also sowohl in der Variante 1 als auch in der Variante 2 lediglich 12 Anteile erwerben. Das wären, gesamt über den Zeitraum von 6 Monaten betrachtet, 6 Anteile weniger als in der Variante 1 und 8 Anteile weniger als in der Variante 2.

Sehr schlecht!

Mit einer Einmalanlage sollten Sie nur dann spekulieren, wenn Sie sich sehr gut mit dem Finanzmarkt auskennen. Die Kurse genauestens beobachten, den richtigen Zeitpunkt für eine Investition abschätzen und es lässt sich durch den Cost-Average-Effekt eine Menge Geld verdienen.

Grundlagen von ETCs

Sie haben bis hierher eine Menge über Aktienpakete und ETFs erfahren. Das Wichtigste dabei ist allerdings, zu verstehen, dass diese Anlageformen aufgrund der Streuung der Investitionen funktionieren. Insbesondere durch ETFs lässt es sich in nahezu alle Bereiche der Finanzwelt investieren und durch die Streuung in Aktien, Immobilien, Renten, Rohstoffe usw. lassen sich Verluste vermeiden und Gewinne erzielen. Doch was ist, wenn Sie sich als Anleger auf Rohstoffe, und zwar nur auf einen einzelnen Rohstoff, konzentrieren wollen, z. B. auf einen reinen Öl-ETF? Die Antwort ist eindeutig: Es gibt keinen reinen Öl-ETF.

Ein ETF zeichnet sich durch die *Diversität* seines Index aus. Mittlerweile ist diese Diversität sogar durch ein Regelwerk, der sogenannten UCITS-Richtlinie, geregelt.

Wichtig!
UCITS = **U**ndertakings for **C**ollective **I**nvestment in **T**ransferable **S**ecurities
Die UCITS-Richtlinie ist ein von Finanzfachleuten ausgearbeiteter Sicherheitsstandard für ETFs. UCITS genießt in der Finanzwelt ein derart hohes Ansehen, dass etwa 85 % aller ETFs diese Sicherheitsstandards erfüllen.

Für die Investition in reine Rohstoffe gibt es aber eine besondere Variante, den ETC.

Was sind ETCs?

Sie wollen aber unbedingt nur in Öl oder in Edelmetalle (z. B. Gold, Silber, Platin) investieren? Um dies zu ermöglichen, wurden die sogenannten ETCs (Exchange Traded Commodities) aufgelegt. Mit einem solchen Fonds können Sie in ausgewählte Rohstoffe, und zwar nur in einen einzelnen Rohstoff, investieren.

Zu den handelsfähigen Rohstoffen gehören:

- Öl
- Erdgas
- Edelmetalle (z. B. Gold, Silber, Platin)
- Industriemetalle (z. B. Aluminium, Kupfer, Zinn)
- Agrarrohstoffe (z. B. Nahrungs- und Futtermittel, Kaffee, Kakao, Baumwolle)
- Lebendvieh

Beispiel: Sie wollen ausschließlich in Gold investieren! Sie erwerben dafür ausschließlich Wertpapiere von Gold-Anbietern und verwahren diese in Ihrem ETC. Der Handel von ETCs erfolgt genau wie der Handel von ETFs an einer Börse. ETCs bieten dabei die gleichen Vorteile wie ETFs.

Es gibt allerdings einen besonders wichtigen Unterschied zu ETFs. Das in einem ETC-Fonds gesammelte Kapital gilt, anders als bei einem ETF-Fonds, rechtlich nicht als Sondervermögen und ist dadurch nicht vor den Folgen einer Insolvenz eines Anbieters geschützt. ETCs sind rechtlich gesehen sogenannte *Schuldverschreibungen* des Anbieters, die im Falle einer Insolvenz in dessen Insolvenzmasse einfließen würden.

Die Finanzwelt hat sich allerdings auf diese unerfreuliche Ausgangssituation eingestellt. Anbieter von ETCs sichern Ihr Kapital über physische Werte, z. B. Goldbarren, ab. Diese physische Absicherung wird bei einem Treuhänder deponiert und ist dadurch dem Zugriff eines Insolvenzverwalters entzogen. Eine zusätzliche Alternative der Absicherung, die ebenfalls dem Zugriff eines Insolvenzverwalters entzogen sind, bieten Kreditversicherungen bei Finanzinstituten.

ETCs und ETFs im Vergleich

Gerade Neueinsteiger im Aktienhandel begehen häufig den Fehler, beide Anlageformen miteinander zu vergleichen. Das macht allerdings wenig Sinn, da die Investition in ETCs und ETFs auf völlig unterschiedliche börsengehandelte Produkte abzielen. Nachfolgend eine kleine Übersicht zu beiden Anlageformen.

ETF (Exchange Traded Fund)	**ETC (Exchange Traded Commodity)**
Der ETF ermöglicht den Zugang zu:	Der ETC ermöglicht den Zugang zu:
Aktien	Edelmetallen
Anleihen	Einzelnen Rohstoffen
Immobilien	Rohstoffkörben (z. B. Gold und Silber)
Geldmarkt	

Steuern für Aktien, ETFs und ETCs

Zuerst einmal zwei gute Informationen vorweg!

- Steuern fallen in Deutschland nicht für den Kauf von Finanzprodukten an, sondern nur für Gewinne aus den Finanzgeschäften.
- Verluste aus Finanzgeschäften können in Deutschland steuerlich geltend gemacht werden.

Seit dem Jahr 2009 fällt in Deutschland eine Steuer (Kapitalertragsteuer) in Höhe von 25 % auf Finanzgeschäfte an. Dazu zählen u. a.:

- **Gewinne** aus Kapitalerträgen
- **Verkäufe** von Wertpapieren aller Art (Aktien, ETFs, ETCs usw.)

Hinweis:
Sollten Sie einer Religionsgemeinschaft angehören, fällt ggf. noch die Kirchensteuer an.

Die Steuer auf Kapitalerträge wird in Deutschland als sogenannte Quellensteuer betrachtet. Diese besondere Form im Steuerrecht bietet für Sie als Aktieninhaber und Ihren Handel mit Wertpapieren drei Vorteile:

1. Ihr Broker bzw. Ihr Bankinstitut übernimmt sämtliche Maßnahmen, um die Kapitalertragsteuer direkt an das Finanzamt abzuführen.

2. Bevor Steuern abgeführt werden, wird Ihr Broker bzw. Ihr Finanzinstitut Verluste aus Ihrem Aktiengeschäft gegen den Gewinn verrechnen.

Wichtig!
Nur die Differenz zwischen Gewinn und Verlust aus Kapitalerträgen wird als Kapitalertragsteuer an das Finanzamt abgeführt!

3. Bank- und Transaktionsgebühren werden beim Handel mit Wertpapieren steuerlich als Negativpositionen berücksichtigt. So wird Ihr zu versteuernder Gewinn zusätzlich geschmälert.

Dieses gesamte Procedere läuft automatisch ab, sodass Sie im Regelfall davon nichts mitbekommen. Da mittlerweile in Deutschland die Steuerpflicht zentral im Finanzamt über ihre persönliche Steuernummer verwaltet wird, läuft dieses Procedere papierlos ab. Lediglich auf Ihrem Fonds- bzw. Aktien-Verrechnungskonto werden Sie das Ergebnis der Steuerverrechnung feststellen. Auf besonderen Wunsch wird Ihnen aber Ihr Broker bzw. Ihr Finanzinstitut entsprechende Belege ausstellen.

Steuern auf Kapitalerträge reduzieren

Gerade als Neueinsteiger im Kapitalmarkt bietet sich für Sie im deutschen Steuerrecht ein weiterer Vorteil in Form von Freibeträgen. Sollten Sie pro Jahr als Einzelperson lediglich Gewinne bis 801 Euro oder als Verheirateter bis 1.602 Euro erzielen, sind Sie grundsätzlich von der Zahlung einer Kapitalertragssteuer befreit. Sie müssen aber vor Ablauf Ihres ersten Geschäftsjahres bei Ihrem Broker bzw. bei Ihrem Finanzinstitut einen sogenannten Freistellungsauftrag stellen. Für den Fall, dass Sie Ihr Kapital bei mehreren Brokern bzw. Finanzinstituten angelegt haben, müssen Sie mehrere Freistellungsaufträge stellen.

Eine weitere Möglichkeit der Steuerersparnis beim Handel mit Wertpapieren liegt in der sogenannten Nichtveranlagungsbescheinigung. Steuerpflichtige mit einem geringen jährlichen Einkommen sind von sämtlichen Steuerzahlungen, auch für Kapitalerträge, ausgenommen. Der aktuelle Grundfreibetrag beträgt für das Jahr 2023

- für Alleinstehende 10.908 Euro
- für Verheiratete 21.816 Euro

Steuern auf Altbestände

Stellen Sie sich einmal folgende Ausgangslage vor, die in der heutigen Zeit nicht als Einzelfall oder Unikum betrachtet werden sollte. Sie erben, vielleicht von einem Elternteil, ein Wertpapierdepot. Dieses Erbe nehmen Sie zum Anlass, nicht nur über den Handel mit Wertpapieren nachzudenken, sondern auch, in diesen Handel einzusteigen. Sie werden dann möglicherweise Aktien in Ihrem Depot vorfinden, die bereits vor dem Jahr 2009 angeschafft wurden. Diese Aktien werden heute als sogenannte Altbestände bezeichnet. Für diese Aktien besteht eine steuerliche Sonderregelung. Sie müssen für diese Aktien weder bei Verkäufen noch bei Gewinnen Kapitalertragsteuer entrichten. Das Gesetz der Kapitalertragsteuer für Gewinne aus Wertpapieren gilt erst ab dem Jahr 2009. Vor 2009 galt, dass Gewinne aus dem Wertpapierhandel nicht versteuert werden mussten, wenn sie länger als ein Jahr im Depot lagen. Dies ist heutzutage bei einem erwähnten Erbe zutreffend.

Beispiel: Sie erben heute, im Jahr 2023, ein Depot von 250 Aktien, detailliert bestehend aus:

- 150 Aktien des Unternehmens „XYZ“, angeschafft in den Jahren 2008 und früher
- 100 Aktien des Unternehmens „XYZ“, angeschafft im Jahr 2009

Für diese 250 Aktien gelten steuerrechtlich unterschiedliche Bedingungen:

- Für die 150 Aktien aus den Jahren 2008 und früher müssen Sie bei Gewinnen, z. B. bei einem Verkauf, keine Kapitalertragsteuer abführen.
- Für die 100 Aktien aus dem Jahr 2009 müssen Sie bei Gewinnen, z. B. bei einem Verkauf, Kapitalertragsteuer abführen.

Sie sollten allerdings bei dieser fiktiven Situation nicht darüber nachdenken, die Aktien aus dem Jahr 2009 zu verkaufen, um so für die nächsten Jahre Steuerfreiheit zu genießen. Der Gesetzgeber hat ebenfalls im Jahr 2009 Regeln geschaffen, die diesen Deal verhindern. Es gilt das sogenannte **FiFo**-Prinzip (**F**irst **in** – **F**irst **o**ut). Einfacher dargestellt: Es müssen bei mehreren Anteilen eines Unternehmens (hier „XYZ“) immer zuerst die älteren Wertpapiere verkauft werden. So würden sich Wertpapiere älteren Datums im Depot eines Käufers als Wertpapiere neueren Datums wiederfinden und damit steuerpflichtig werden.

Möglichkeiten der Analyse von Aktien

Wenn Sie erfolgreich mit Aktien an der Börse handeln und erfolgreich einen Fonds unterhalten wollen, müssen Sie sich noch weiter, besser gesagt intensiver, mit dem Thema Aktien beschäftigen. Das Wissen, wie der An- bzw. Verkauf von Aktien abläuft, wie Sie einen Fonds breit streuen und welche steuerlichen Verpflichtungen auf Sie zukommen, reicht bei Weitem nicht aus, um im Aktiengeschäft erfolgreich zu sein. Sie müssen lernen, wie Sie erfolgreiche Aktien aufspüren. Dabei ist nicht der aktuelle Wert, der Tageswert, einer Aktie wichtig, vielmehr dessen mittel- bzw. langfristige Entwicklung. Sie müssen ein Fachmann der Aktienanalyse werden. Nachfolgend erfahren Sie, wie eine Analyse von Aktien durchgeführt wird, welche Methoden Sie anwenden können, welche Kennzahlen für Sie wichtig sind und welche Erkenntnisse Sie aus allem ziehen können.

Geschichte der Aktienanalyse

Die Grundlagen der heutigen Aktienanalyse wurden bereits Ende des 19. Jahrhunderts gelegt. Der amerikanische Wissenschaftler und Journalist Charles Dow (* 06.11.1851, † 04.12.1902) entwickelte zusammen mit dem Statistiker Edward Jones (* 07.10.1856, † 16.02.1920) einen umfassenden Aktienindex zur besseren Beurteilung von Aktienwerten und ihrer Bewegung. Dieser Index existiert noch heute und ist besser bekannt unter der Bezeichnung „Dow-Jones-Index“, das bekannteste Börsenbarometer in den Vereinigten Staaten von Amerika und gleichzeitig Leitindex für alle anderen Börsenindizes auf der Welt. Die damaligen Überlegungen von Charles Dow sind noch heute aktuell und finden sich in den unterschiedlichen Varianten der Chartanalyse wieder.

Die gängigsten Analyseformen können Sie heutzutage mit grafischen Charts darstellen. Zum Thema Charts aber später mehr im Kapitel 8.3. Es gibt aber auch Analysemöglichkeiten, die ausschließlich auf betriebswirtschaftlichen Zahlen aus der Unternehmensbilanz basieren.

WAS IST EINE AKTIENANALYSE?

Eine Gruppe von Finanzfachleuten definiert eine Aktienanalyse als das entscheidende Werkzeug, um hochzurechnen, wie sich der Kurs einer Aktie bzw. eines Wertpapiers entwickeln kann. Die andere Gruppe der Finanzfachleute betrachtet eine Aktienanalyse eher als ein Instrument, mit dem sich die wirtschaftliche Gesundheit eines Unternehmens, der Erfolg des praktizierten Geschäftsmodells sowie die Qualität der Unternehmensführung beurteilen lässt, um schlussendlich daraus das Wachstumspotenzial einer Aktie zu bewerten. Vermutlich sind beide Ansatzpunkte wichtig und entscheidend, um mit einer gründlichen Analyse die Entwicklung einer Aktie vorherzusehen, dabei das Risiko einer Investition zu verringern und langfristig beste Ergebnisse zu erzielen. Sie sollten sich aber immer darüber im Klaren sein, dass auch mit der besten und umfangreichsten Aktienanalyse keine Garantie auf Erfolg verbunden ist.

Für eine Aktienanalyse stehen Ihnen mehrere unterschiedliche Methoden zur Verfügung:

- die technische Analyse
- die fundamentale Analyse
- die qualitative Analyse
- die Risikoanalyse
- die Umwelt-/Nachhaltigkeitsanalyse

Als Neueinsteiger im Aktiengeschäft sollten Sie sich immer darüber im Klaren sein, welche Branche für Sie von besonderem Interesse ist. Danach können Sie für Aktien aus dieser Branche die geeignete Analyseform anwenden.

Nachfolgend eine kurze Präsentation der Analyseformen, die bei gemeinsamer Ausnutzung und nacheinander erkennbaren Ergebnissen ein sogenanntes Treppenmuster zeigen.

Technische Analyse

Mit der technischen Analyse können Sie sämtliche Bewegungsmuster der Aktie, inklusive der gehandelten Mengen, bewerten. Diese Bewegungsmuster können Sie optisch durch eine Vielzahl unterschiedlicher Charts darstellen. Dazu gehören z. B. die Preisentwicklung, die Darstellung von Trendlinien, der gleitende Durchschnitt oder Darstellungen von Unterstützungs- und Widerstandslinien. Die Darstellung von Charts ist die Kernfunktion der technischen Analyse. Um hierbei klare und nachvollziehbare Erkenntnisse zu liefern, werden bei der technischen Analyse theoretische Prinzipien angewandt, die von immer wiederkehrenden Bewegungen innerhalb einer festzulegenden Zeitachse ausgehen.

Die drei wichtigsten theoretischen Prinzipien sind:

- Prinzip 1: Der Aktienmarkt berücksichtigt alle Entwicklungen
- Prinzip 2: Der Trend einer Aktie bewegt sich stets in Wellen
- Prinzip 3: Der Aktienmarkt besitzt Konstanz

Prinzip 1 – Der Aktienmarkt berücksichtigt alle Entwicklungen

Das bedeutet, dass alle äußeren Einwirkungen, positive und negative, auf den Aktienmarkt umgehend berücksichtigt werden. Diese Einwirkungen haben einen direkten Einfluss auf Preis bzw. Umsatz der Aktie und unterstützen die wichtigste Entscheidung im Aktienhandel: Ankauf oder Verkauf von Aktien.

Prinzip 2 – Der Aktienmarkt bewegt sich stets in Wellen

Jede Aktie, die am Markt gehandelt wird, besitzt grundsätzlich ein nicht bekanntes Ziel (Gewinn zu erzielen!). Auf dem Weg (Trend) zu diesem unbekannten Ziel finden positive bzw. negative Einwirkungen von außerhalb sofort Berücksichtigung. Die jeweiligen Kurse und Trends der Aktien bewegen sich. Diese Bewegung erfolgt nicht gradlinig!

Prinzip 3 – Der Aktienmarkt besitzt Konstanz

Finanzfachleute gehen davon aus, dass Trends von Aktienkursen langfristig ihre Eigenschaften beibehalten. So ist die Wahrscheinlichkeit sehr groß, dass ein Aufwärtstrend mittel- oder langfristig weiter steigt. Offen ist dabei die Geschwindigkeit. Die gleiche Wahrscheinlichkeit gilt, allerdings umgekehrt, für Abwärtstrends. Selbst ein richtungsloser Trend wird sich auf Dauer stets auf- und abwärts bewegen.

Generell gilt unter Finanzfachleuten bei der Nutzung der technischen Analyse folgende These: **Der Trend ist der Freund eines jeden Aktienhändlers!**

Wichtig!
Die technische Analyse kann niemals ein Ergebnis von 100 % erreichen. Sie ist aber eine ausgezeichnete Methode, um Handelsentscheidungen positiv zu unterstützen.

Fundamentale Analyse

Die fundamentale Analyse untersucht die wirtschaftlichen Verhältnisse eines Unternehmens bzw. übergreifend auch der Branche. Zu den wirtschaftlichen Verhältnissen eines Unternehmens gehören z. B.:

- Bilanz
- Kapitalfluss (Cashflow)
- Gewinn-/Verlustrechnung
- Geschäftsstrategie

Es ist bei dieser Analyseform besonders wichtig, neben Quartalszahlen des Unternehmens insbesondere über Jahresabschlüsse informiert zu sein. Wichtig ist aber auch der Vergleich zu anderen Unternehmen aus der Branche. Das lässt zwangsläufig Rückschlüsse zu, ob die Aktie des Unternehmens über- oder unterbewertet ist.

Wichtig!
Die fundamentale Analyse bestimmt den „inneren" Wert einer Aktie und stellt fest, ob der aktuelle Marktpreis über- oder unterbewertet ist.

Qualitative Analyse

Mit dieser Analyseform beurteilen Sie weitere Faktoren, die alle zusammen den Erfolg des Unternehmens darstellen und damit den Preis der Aktie beeinflussen können. Zu diesen Faktoren gehören z. B.

- die Managementqualität,
- die Strategie eines Unternehmens,
- die Stellung vom Unternehmen am Markt,
- die Wettbewerbssituation am Markt.

Wichtig!
Bei dieser Analyseform treten bekannte und etablierte Unternehmen besonders stark auf, insbesondere, wenn sie im Besitz von Patenten sind.

Risikoanalyse

Diese Analyseform berücksichtigt das Risiko einer Aktie, basierend auf bisher aufgetretenen Schwankungen des Kurses, auf politischen Einflüssen am Stammsitz des Unternehmens, auf wirtschaftlichen Einflüssen der Branche und, ganz banal, auf den Risiken der Währung, mit der die Aktie geführt wird. Diese Analyseform sollte immer dann zum Einsatz kommen, wenn Sie bereit sind, gewisse Risiken einzugehen. Seien Sie sich aber stets bewusst, dass eine hohe Risikobereitschaft Gefahren birgt – im schlechtesten Fall den Totalverlust!

> **Wichtig!**
> Risikoreiche Aktien sollten bei Ihnen, insbesondere als Anfänger im Aktienhandel, auf gar keinen Fall im Depot liegen.

Umwelt- und Nachhaltigkeitsanalyse

Da in der heutigen Zeit Umwelt und Nachhaltigkeit immer größer werdende Rollen spielen, gibt es mittlerweile diese Analyseform, mit der Aktienkurse aufgrund dieser beiden Faktoren bewertet werden.

Mit Nutzung sämtlicher vorgestellten Analyseformen sollte Ihnen die Entscheidung weitaus leichter fallen, Aktien zu kaufen oder auch zu verkaufen. Doch bedenken Sie:

Für eine gründliche Analyse von Aktien benötigen Sie Geduld, viel Zeit und eine gründliche Bewertung.

Bilanzanalyse

Die Bilanzanalyse ist eine Analyseform, die ohne Charts mit grafisch dargestellten Entwicklungen einer Aktie durchgeführt werden kann. Sie basiert ausschließlich auf betriebswirtschaftlichen Zahlen aus der jährlich veröffentlichten Unternehmensbilanz. Näheres hierzu in Kapitel 7 ff.

Ist eine Aktienanalyse zuverlässig?

Die Zuverlässigkeit einer Aktienanalyse ist vermutlich die interessanteste Frage, die Sie sich als Trader stellen werden. Bevor sich diese Frage allerdings beantworten lässt, müssen Sie sich darüber im Klaren sein, was Sie von einer Aktienanalyse erwarten.

1. Wenn Sie davon ausgehen, dass die Ergebnisse aus Aktienanalysen für den klassischen „Bauch-Entscheider“ das Allheilmittel sind, um eine ertragreiche Investition zu veranlassen, muss die gestellte Frage mit einem klaren „Nein“ beantwortet werden.

2. Wenn Sie allerdings davon ausgehen, dass die Ergebnisse aus Aktienanalysen als Hilfsmittel in Ihre Entscheidung einfließen, um eine ertragreiche Investition zu veranlassen, muss die gestellte Frage mit einem klaren „Ja“ beantwortet werden.

Sie sehen also, dass sich diese Frage nicht genau beantworten lässt. Grundsätzlich können Sie aber davon ausgehen, dass Ergebnisse aus Analysen immer etwas genauer sind als eine „Bauch-Entscheidung“.

Durchführung einer Aktienanalyse

Für eine umfassende Aktienanalyse kann Ihnen Ihr Broker bzw. Finanzinstitut entsprechende, im Regelfall auch kostenlose Programme (Tools) zur Verfügung stellen. Aus diesen Tools können Sie die ersten wichtigen Informationen erhalten. Sie können diese Tools auch mit aktuellen Zahlen ergänzen, um aktuellere Informationen abrufen zu können. Alternativ stehen meistens auch ältere, bereits erstellte Charts zur Verfügung. Gerade der Vergleich von älteren mit aktuellen Kursverläufen lässt eine Vielzahl von Rückschlüssen zu. Ältere Kursbewegungen können Sie meistens auch im Internet einsehen.

Nutzen Sie für das Sammeln von Informationen auch einschlägige Finanzzeitschriften. Sie können eine Menge an Informationen rund um den Aktienmarkt liefern. Insbesondere neu am Markt befindliche Aktien und deren Bewertung durch die Finanzprofis können wertvolle Hinweise liefern.

Anleitung für eine Aktienanalyse auf einen Blick

1. Vor dem Kauf einer Aktie sollte sie ausführlich analysiert werden.

2. Diese Analyse sollte sowohl hinsichtlich qualitativer Faktoren als auch in Bezug auf quantitative Faktoren bewertet werden.

3. Die wichtigsten qualitativen Faktoren sind:
- Das Geschäftsmodell
- Die Wettbewerbsvorteile
- Die Nachhaltigkeitskriterien

4. Die wichtigsten quantitativen Faktoren sind:
- Der Cashflow
- Die Bilanzen
- Die Geschäftsstrategie

Bilanzen und Kennzahlen

Die Bilanz eines Unternehmens gehört zu den wichtigsten Faktoren einer Unternehmensbewertung und ist eine zweite Möglichkeit, den Erfolg eines Unternehmens einzuschätzen. Eine dritte Möglichkeit liegt darin, Kennzahlen aus dem bisherigen Kursverlauf einer Aktie zu nutzen und daraus zu ermitteln. Beide Möglichkeiten unterstützen Sie in Ihrer Entscheidung, ob sich der Kauf von Aktien des Unternehmens rentieren oder eher ein Risikogeschäft werden könnte.

Doch wie schaffen Sie es, als Neuling im Aktienhandel,

- eine Bilanz richtig zu lesen und zu beurteilen,
- festzuhalten, welche Kennzahlen für Sie wichtig sind, um
- die Kennzahlen richtig einzuschätzen,
- dadurch Rückschlüsse auf den Erfolg des Unternehmens zu treffen und
- dabei keine grafischen Darstellungen nutzen zu müssen, um
- erfolgreich an der Börse zu handeln?

Das klingt nach einer Menge Arbeit, ist aber recht einfach zu händeln. Nachfolgend einige Infos dazu.

Die Bilanz eines Unternehmens

In einer Bilanz werden das gesamte Vermögen (Aktiva) des Unternehmens und die Schulden (Passiva) des Unternehmens gegenübergestellt. Die Differenz aus Aktiva und Passiva ergibt die sogenannte Bilanzsumme. Eine Bilanz kann grundsätzlich zu jedem Termin im laufenden Geschäftsjahr erstellt werden, üblicherweise erfolgt dies aber immer zum Ende eines Wirtschaftsjahres. Diese Form der Erstellung wird auch als Schlussbilanz bezeichnet.

Wichtig!
Das Wirtschaftsjahr eines Unternehmens ist nicht automatisch das Geschäftsjahr. Ein Wirtschaftsjahr kann z. B. am 31.03. des Folgejahres enden. Das Geschäftsjahr endet immer am 31.12.

Wo erhalten Sie die Bilanz eines Unternehmens? Großunternehmen stellen einige Tage nach der Veröffentlichung ihre Bilanz ins Internet. Bei kleineren Unternehmen lohnt sich eine Anfrage mit der Bitte um Zusendung der Unternehmensbilanz. Im Regelfall erfolgt das recht schnell, da durch Ihr Interesse immer auch ein Käufer der Unternehmensaktien vermutet wird. Sind Sie bereits Aktionär des Unternehmens, erhalten Sie auf der jährlichen Aktionärsversammlung automatisch die Unternehmensbilanz.

Welche Bereiche einer Bilanz sind besonders wichtig?

Die Informationen aus einer Bilanz sollten Sie auf jeden Fall (sogar zwingend) vor dem Kauf einer Aktie des von Ihnen ausgewählten Unternehmens aufnehmen. Dabei müssen Sie die Bilanz nicht bis ins kleinste Detail lesen. Lediglich die beiden Kennzahlen aus Aktiva und Passiva sind für Sie und Ihre Entscheidung wichtig.

Unter Aktiva werden sämtliche Vermögenswerte des Unternehmens aufgeführt. Dabei gliedert sich die Aktiva in zwei Vermögensgruppen:

1. Dem **Anlagevermögen** wird alles zugeordnet, was dauerhaft im Unternehmen verbleibt und ausschließlich der Aufrechterhaltung des Geschäftsbetriebs dient, z. B. Grundstücke, Fertigungshallen, Werkzeuge, Maschinen, Büromöbel usw.

2. Dem **Umlaufvermögen** wird alles zugeordnet, was nicht dauerhaft im Unternehmen verbleibt. Dazu zählen z. B. Material für die Produktion und Weiterverarbeitung der Produkte, finanzielle Maßnahmen zum Verkauf dieser Produkte, Guthaben auf dem Unternehmenskonto oder Bargeld (kleine Kasse!).

Unter **Passiva** werden sämtliche Kapitalwerte aufgeführt, die sich im Besitz eines Inhabers oder Gesellschafters befinden. Die Passiva gliedert sich ebenfalls in zwei Vermögensgruppen:

1. Das **Eigenkapital**, z. B. Stammaktien oder sonstige Kapitalwerte des Inhabers oder Gesellschafters.

2. Das **Fremdkapital**, z. B. Bankdarlehen, Lieferantenkredite, geschäftliche Verbindlichkeiten und Rückstellungen, z. B. für Betriebsrenten, Steuerverpflichtungen usw.

Wichtig!
Für den sicheren Kauf von Aktien eines Unternehmens sollten Aktiva und Passiva in der Unternehmensbilanz möglichst ausgeglichen sein oder nur sehr gering auseinanderliegen.

Die Informationen aus einer Bilanz sollten Sie auf jeden Fall (eigentlich sogar zwingend!) vor jedem Kauf einer Aktie des von Ihnen ausgewählten Unternehmens zu Hilfe nehmen. Dabei müssen Sie die Bilanz nicht einmal bis ins kleinste Detail lesen. Wichtig sind die beiden Kennzahlen aus Aktiva und Passiva, gepaart mit einigen mathematisch errechneten Kennzahlen, die Sie bei Ihrer Entscheidung über Kauf, Nichtkauf oder Verkauf unterstützen sollen.

Unternehmensanalyse anhand Kenn- und Bilanzzahlen

Für eine wirtschaftliche Bewertung eines Unternehmens benötigen Sie mehrere Kennzahlen, die Sie nicht alle aus der Unternehmensbilanz erhalten. Sie können aber einige Kennzahlen selbst errechnen. Dazu gehören z. B.:

Verhältnis Kurs zu Gewinn

Diese Kennzahl können Sie selbst berechnen. Nehmen Sie sich den aktuellen Kurswert einer Aktie und dividieren Sie diesen Wert mit dem Jahresgewinn einer Aktie. So erhalten Sie eine Kennzahl, mit der Sie alle börsenorientierten Unternehmen miteinander vergleichen können, ganz gleich, ob Klein- oder Großunternehmen!

POSITIV: Je höher das Ergebnis ausfällt, desto reizvoller sollte der Kauf einer oder mehrerer Aktien für Sie sein.

Verhältnis Schulden zum Eigenkapital

Beide Zahlen können Sie in der Unternehmensbilanz wiederfinden. Auch hierbei können Sie mathematisch vorgehen. Dividieren Sie hierfür wieder beide Zahlen miteinander. Je höher das Ergebnis ausfällt, desto abhängiger ist das Unternehmen von Krediten und sonstigen Drittmitteln.

NEGATIV: Sie sollten mehr als gründlich über den Kauf einer oder mehrerer Aktien nachdenken.

Verhältnis Schulden zum Eigenkapital

Auch diese Zahlen können Sie unter dem Umlaufvermögen in der Unternehmensbilanz wiederfinden. Hierbei handelt es sich um kurzfristige Schulden im Verhältnis zu kurzfristigen Forderungen. Je näher beide Werte liegen, desto wahrscheinlicher werden diese Schulden für den Ausbau des Unternehmens herangezogen.

POSITIV: Je dichter die Werte beieinanderliegen, desto größer ist die Wahrscheinlichkeit, dass diese Schulden für kurzfristig umzusetzende Investitionen eingesetzt werden. Investitionen versprechen aber im Regelfall auch Gewinn!

Operativer Gewinn

Dividieren Sie den operativen Gewinn, auch als EBIT (Earnings Before Interest and Taxes) bezeichnet, mit dem Nettogewinn des Unternehmens. Das Ergebnis zeigt eine Marge in Prozent an, einfacher ausgedrückt, wie viel Euro vor Steuern und Zinsen als Gewinn für das Unternehmen übrigbleibt. Heutzutage gehen Finanzfachleute davon aus, dass eine gesunde Marge im Bereich von 10 bis 15 % liegen sollte.

POSITIV: Bei derartigen Margen handelt es sich um ein erfolgreiches Unternehmen und es spricht nichts gegen den Kauf von Aktien dieses Unternehmens.

Umsatz/Lagerbestand

Dies sind zwei Positionen, die in der Unternehmensbilanz meistens keine große Beachtung finden, aber recht aussagefähig sein können. Wenn Sie den durchschnittlichen Lagerbestand mit den Umsatzerträgen ins Verhältnis setzen, erhalten Sie eine Kennzahl, die aussagt, wie häufig der durchschnittliche Lagerbestand im Jahr komplett neu ersetzt werden muss. Je höher diese Kennzahl ist, desto besser ist es für das Unternehmen.

POSITIV: Je höher dieser Wert liegt, desto lukrativer wird ein Aktienkauf sein.

Charts und Trends

Profis im Aktienhandel wissen es, Neulinge erfahren es sehr schnell. Der Kurs einer Aktie bewegt sich in sogenannten Trends. Mal „rauf", mal „runter" und häufig auch in unregelmäßigen Abständen in beide Richtungen. Nun wäre es selbstverständlich möglich, den Kurs einer Aktie mit Kursdaten (stündlich, täglich usw.) in einer Tabelle zu erfassen. Das würde aber lediglich zu einer umfangreichen Tabelle führen, die mit Kursdaten überfüllt wäre. Aus dieser Tabelle Informationen zu erhalten, um auf den Kurs einer (Ihrer) Aktie schnell reagieren zu können, wäre kaum möglich.

Daraus resultierend entwickelte man ein System, das die Entwicklung eines Kurses grafisch darstellte. Diese Grafik musste zwar auch mit Kursdaten gefüllt werden, doch konnte man mit einem Blick das „Rauf" und „Runter" des Aktienkurses betrachten. Diese Grafik wurde allgemein als Chart bezeichnet. Des Weiteren konnte man Fixpunkte innerhalb des Charts mit einer einfachen Linie verbinden. Diese Linie wurde als Trend bezeichnet. Beides wurde zur Grundlage der heute genutzten Chartanalyse.

Trends

Ein Trend ist nichts anderes als eine einfache Linie, die dazu dient, die Entwicklung eines Kurses und daraus resultierende statistische Kennzahlen über einen längeren Zeitraum zu beobachten. Zu den einfachsten Darstellungen eines Trends gehören der:

- Aufwärtstrend
- Abwärtstrend
- Seitwärtstrend

Vermutlich werden Sie jetzt anmerken: Ich will aber gar nicht längerfristig handeln. Auch dafür können Trendlinien hilfreich sein. Trends stellen zwar längerfristige Kurse dar, vermitteln dadurch aber auch kurzfristige Erkenntnisse, die dann wiederum einen Einfluss auf Ihre Handelsaktivitäten bzw. Entscheidungen nehmen können. Dazu nachfolgend zwei Beispiele:

Beispiel 1:
Die Aktie des Unternehmens „XYZ" besitzt zurzeit einen Wert von 100,00 €. Dieser Wert hat sich über viele Monate durch einen leichten kontinuierlichen Anstieg entwickelt. Es ist also nicht davon auszugehen, dass über den Tag eine große Wertsteigerung und damit Gewinn zu erwarten ist.

Beispiel 2:
Die Aktie des Unternehmens „ABC" besitzt ebenfalls einen aktuellen Wert von 100,00 €. Allerdings hat sich dieser Wert nicht langfristig aufgebaut, sondern sich in kurzen Kurssprüngen aufwärts, aber auch wieder abwärts entwickelt. Hier können Sie also davon ausgehen, dass sich über den Tag verteilt der Wert der Aktie stark verändert. Als Aktieninhaber müssen Sie jetzt nur die richtigen Zeitpunkte „erwischen", um mit einem Ankauf bzw. kurzfristigen Verkauf einen positiven *Trade* abzuschließen.

Das theoretische Wissen über die Funktionalität eines Kurses, eines Trends und darüber, welche Rückschlüsse sich daraus ergeben, können hilfreich sein. Nur wo können Sie als Anleger auf diese Rückschlüsse bzw. die Darstellungen von Trends zurückgreifen? Bei allen Finanzinstituten bzw. Brokern können Sie mittlerweile über Online-Plattformen auf diese grafischen Darstellungen zugreifen. Rückschlüsse dazu müssen Sie allerdings selbst ziehen.

Wichtig!
Für Sie als Besitzer von Aktien, insbesondere in der Anfangsphase Ihrer Handelsaktivitäten, ist das grafische Hilfsmittel eines Trends eigentlich unverzichtbar.

Richtungen von Trends

Trends sollten niemals auf einer geraden Linie, sondern in kantigen Bewegungen verlaufen. Eine gerade Linie zeigt niemals einen Trend, eher einen eintönigen Kursverlauf an. Für Sie als Besitzer von Aktien ist diese Erkenntnis absolut uninteressant! Anders sieht es bei Trends mit kantigen Bewegungen aus. Bei Trends mit Bewegungen liegen ausschließlich drei Richtungen vor, wobei bereits in der jeweiligen Bezeichnung die Bewegung des Trends erklärt wird. Bei diesen drei Richtungen handelt es sich um:

- **den Aufwärtstrend und den Aufwärtstrendkanal**
- **den Abwärtstrend und den Abwärtstrendkanal**
- **den Seitwärtstrend**

Hinweis!

Die Mustergrafiken der nachfolgend vorgestellten Trends zeigen die Richtungen nur grob an. Auf den Plattformen der Broker können Sie noch zusätzlich Tages- und teilweise sogar stündliche bzw. noch kleinere Zeiteinheiten erkennen. So können Sie als Aktieninhaber genauestens abschätzen, wann sich ein Kauf lohnt und wann Sie erfolgreich wieder verkaufen sollten.

Der eindeutige Aufwärtstrend

Der Aufwärtstrend wird durch eine aufsteigende Trendlinie dargestellt. Für die Darstellung werden zunächst die Tiefpunkte des Kurses erfasst und miteinander verbunden. Wichtig dabei ist, dass der jeweils folgende Tiefpunkt höher als der vorherige innerhalb des Kurses liegen muss. Die jeweiligen Tiefpunkte werden miteinander verbunden. Im nachfolgenden Beispiel-Chart sind die Tiefpunkte mit T1, T2 und T3 bezeichnet und durch eine grüne Linie, der Trendlinie, miteinander verbunden. Im Idealfall liegt zwischen zwei Tiefpunkten immer ein Hochpunkt, auch als relatives Hoch bezeichnet – im Beispiel-Chart mit RH1, RH2 und RH3 bezeichnet.

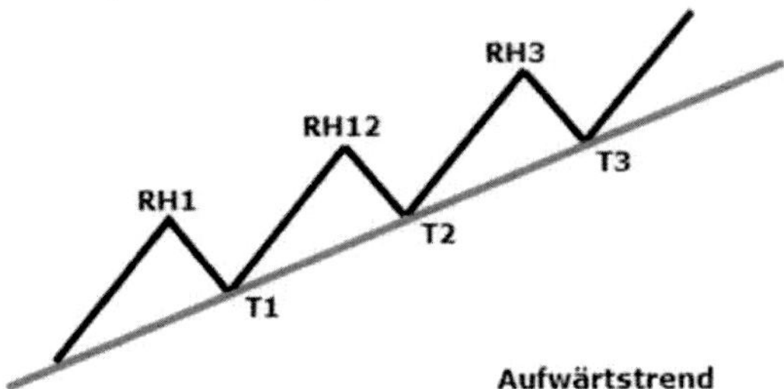

Sie erkennen jetzt auf dem Chart eine ständige Auf- und Abwärtsbewegung, allerdings bei Verbindung der Tiefpunkte einen kontinuierlichen Zuwachs des Kurses.

Im Idealfall zeigt der Chart eine Vielzahl von Tiefs und Hochs an. Je mehr angezeigt werden, desto mehr Tiefpunkte können miteinander verbunden werden und desto aussagefähiger ist die Trendlinie.

Der Aufwärtstrend mit Aufwärtstrendkanal

Bei dem vorherigen Beispiel eines Aufwärtstrends ist die Entwicklung des Kurses mit Tief- bzw. Hochpunkten gleichmäßig dargestellt. Im Tagesgeschäft entwickeln sich diese Punkte allerdings selten so konstant. Es ist eher mit ungleichmäßigen Bewegungen zu rechnen. Um trotzdem einen Aufwärtstrend erkennen zu können, wird ein kleiner „Umweg" genutzt, der Aufwärtstrendkanal. Hierbei werden ebenfalls die Tiefpunkte (T1, T2 und T3) miteinander verbunden, zusätzlich aber auch die jeweiligen Hochpunkte (RH1, RH2 und RH3). Hochpunkte, die unterhalb der miteinander verbundenen Punkte RH1, RH2 und RH3 liegen, bleiben dabei unberücksichtigt und fließen nicht in die Verbindung ein.

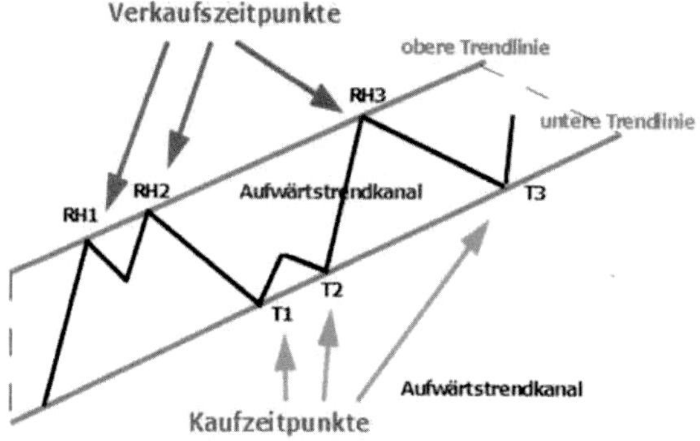

Sie erkennen jetzt auf dem Chart eine ungleichmäßige Aufwärts- bzw. Abwärtsbewegung und die Verbindungslinien zwischen den absoluten Tief- und Hochpunkten. Liegt nun die Verbindungslinie oben parallel zur Verbindungslinie unten, erkennt man einen Bereich, der als Aufwärtskanal bezeichnet wird. Für Ihre Handelsaktivität sind die gekennzeichneten Hoch- und Tiefpunkte das Signal für Sie, entweder Aktien zu kaufen (T1, T2 und T3) oder besser zu verkaufen (RH1, RH2 und RH3).

Der Abwärtstrend

Die Chartansicht eines Abwärtstrends ist analog zum Aufwärtstrend, nur eben umgekehrt, zu betrachten. Sie erkennen im Beispiel die Tiefpunkte RL1, RL2 und RL3, die untereinander abfallend liegen, und die beiden Hochpunkte RH1 und RH2, die ebenfalls absteigend zueinander liegen. Die rote Verbindungslinie zwischen beiden Punkten wird als Abwärtstrendlinie bezeichnet.

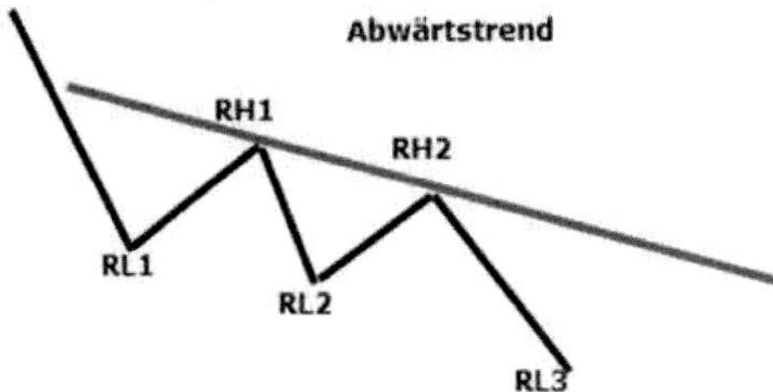

Bei dieser Konstellation sollten Sie auf jeden Fall Abstand von dem Ankauf von Aktien nehmen, da ein Überschreiten der Trendlinie nach oben ziemlich unwahrscheinlich ist.

Der Abwärtstrendkanal

Auch bei diesem Chart erkennt man die Umkehrung des Aufwärtskanals. Die obere und untere Abwärtslinie liegen parallel, zeigen aber stark nach unten.

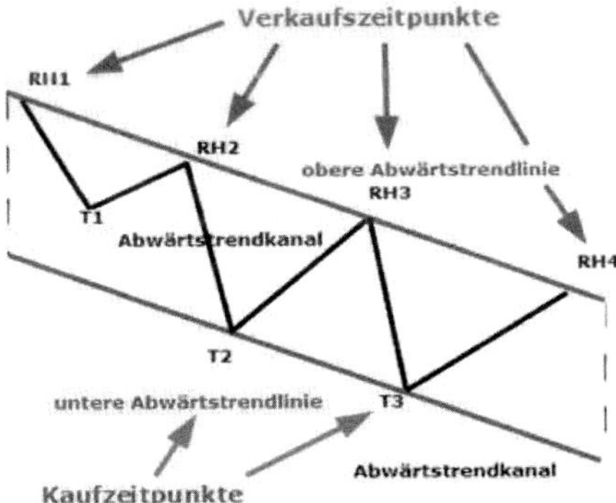

Bei dieser Konstellation sollten Sie eigentlich Abstand vom Handel nehmen. Lediglich zwei Gründe sprechen dafür:

- Sie sind im Besitz dieser Aktie. Dann sollten Sie spätestens an den Punkten RH1, RH2, RH3 oder RH4 verkaufen, da ein erneuter Abwärtstrend und damit ein Kursverlust zu erwarten ist.
- Um einen bereits erfolgten Kursverlust wieder auszugleichen, sollten Sie an den Punkten T2 bzw. T3 umgehend verkaufen.

Der Seitwärtstrend

Bei einer Seitwärtsbewegung des Kurses gibt es zwar Bewegungen nach oben bzw. unten, in der Summe aber entwickelt sich keine Kursveränderung und damit auch kein erkennbarer Trend. Daher führt ein Seitwärtstrend beim Handel nicht gerade zur übermäßigen Begeisterung, da er bei langfristigen Investitionen eben keine Gewinne einfährt. Anders sieht es allerdings bei kurzfristigen Investitionen aus. Hier schließt die Seitwärtsbewegung Gewinne nicht unbedingt aus.

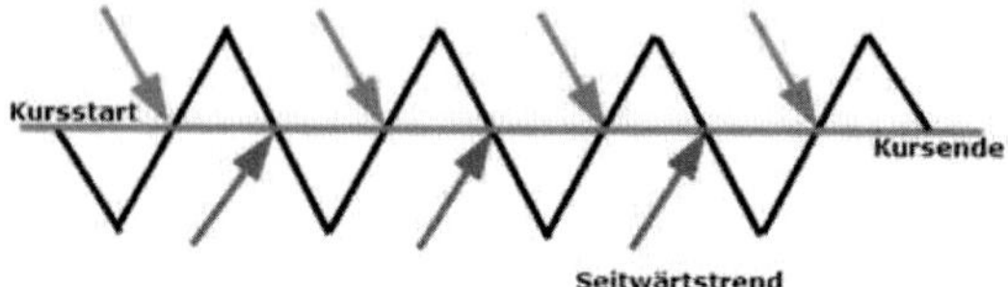

Wenn Sie bei Ihren täglichen Beobachtungen im Trend den richtigen Punkt beim Aufwärtstrend (grüner Pfeil) erkennen und in den Kurs einsteigen (Kaufen) bzw. den richtigen Punkt beim Abwärtstrend (roter Pfeil) erkennen und aus dem Kurs aussteigen (Verkaufen), können Sie trotzdem Gewinne erzielen bzw. Verluste vermeiden. Es sollte Ihnen aber immer bewusst sein, dass bei dieser Konstellation eines Kurses für den Handel mit dieser Aktie ein gewisses Risiko für Verluste besteht.

Wichtig!
Bei der Betrachtung von Trends und den daraus gewonnenen Erkenntnissen gelten für den Handel mit Aktien grundsätzlich drei Grundregeln.

- In Aufwärtstrends sollte unbedingt rechtzeitig gekauft werden!
- In Abwärtstrends sollte möglichst rechtzeitig verkauft werden!

In Seitwärtstrends muss der richtige Zeitpunkt für den Kauf bzw. Verkauf abgepasst werden!

Charts und Charttechnik

Um mit dem Aktienhandel erfolgreich zu sein, ist neben Ihrem persönlichen Handelsstil auch ein Vorsprung an Informationen wichtig. Dafür steht Ihnen neben den Trends die Charttechnik zur Verfügung. Bei der Charttechnik handelt es sich um eine Methode, mit der Sie Trends langfristig und in unterschiedlichen Zeiträumen analysieren können. Mit den Erkenntnissen dieser Charts können Sie frühzeitig entdecken, ob Sie mit einem Kauf bzw. einem Verkauf von Aktien reagieren sollten. Dabei gilt, wie schon beschrieben, die Annahme, dass sich ein „normaler" Kurs und damit der „normale" Trend in wiederkehrenden, unterschiedlich langen Wellen entwickelt.

Charts können in unzähligen Formen und insbesondere in unterschiedlichen Zeitfenstern dargestellt werden. Zur gängigsten Variante zählt der Tageschart. Andere Zeitebenen können z. B. folgende sein:

- Tage / Woche
- Wochen / Monat(e)
- Wochen / Monat (e) / Jahr (e)

Die Nutzung einer Chartvariante liegt ausschließlich in Ihrem Interessenbedarf und Ihrem persönlichen Handelsstil.

Beispiel Interessenbedarf:

- Ein Chart mit einem monatlichen Zeitfenster ist für einen Anleger, der tagesaktuell auf einen Trend reagieren will, eher uninteressant.
- Ein Chart mit einem täglichen Zeitfenster ist wiederum für einen Anleger uninteressant, der langfristig auf einen Trend reagieren will.

Beispiele von Charts

Charts für den tagesaktuellen Aktienhandel

Sollten Sie zu den nicht besonders risikoreichen Anlegern gehören, werden Ihnen mittlerweile von den Finanzinstituten und Brokern spezielle Grundcharts angeboten, die ausschließlich auf 24 Stunden ausgerichtet sind. Diese Charts zeigen auf der x-Achse die Zeit, auf der y-Achse die Kursentwicklung und den Trendverlauf einer Aktie an.

Nachfolgend ein grafisches Beispiel für einen angebotenen Grundcharts.

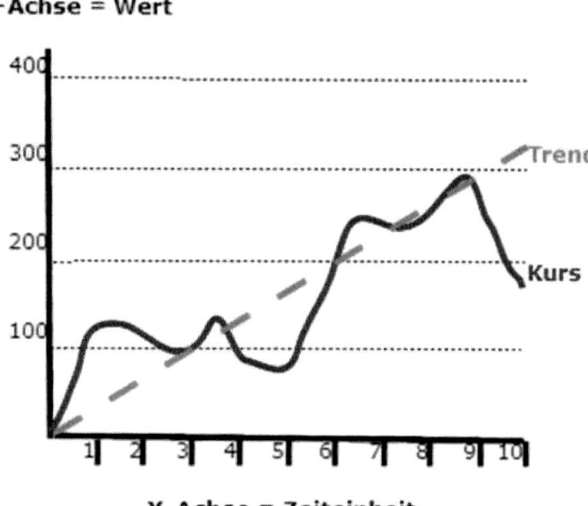

Der Linienchart

Beim Linienchart handelt es sich um die gängigste, aber auch einfachste Form eines Charts. Aufgrund des einfachen Aufbaus mit einem Zeitfenster von 24 Stunden wird dieser Chart unter „Alt-Börsianern" wenig genutzt, weil er im Regelfall für die Bedürfnisse dieser Anleger nur bedingt aussagefähig ist. Diese Einschätzung beruht darauf, dass Liniencharts die Kurse nur zu einem bestimmten Zeitpunkt anzeigen. Im Regelfall handelt es sich dabei immer um den Schlusskurs des Tages. Kursschwankungen innerhalb eines Handelstages sind in diesem Chart nicht ersichtlich.

Trotzdem gibt es auch unzählige Befürworter dieses Chart-Typs. Dies gilt insbesondere für Anleger, die davon ausgehen, dass zwischenzeitliche Kursbewegungen unbedeutend sind sowie nur der Schlusskurs aussagekräftig ist, und die einen Aktienhandel betreiben, der über einen längeren Zeitraum ausgerichtet ist.

Grafisch dargestellt wird ein Linienchart durch quadratische oder kreisförmige Schlusspunkte pro Handelstag, die miteinander verbunden sind.

Beispiel Linienchart (Tagesendpunkte quadratisch dargestellt)

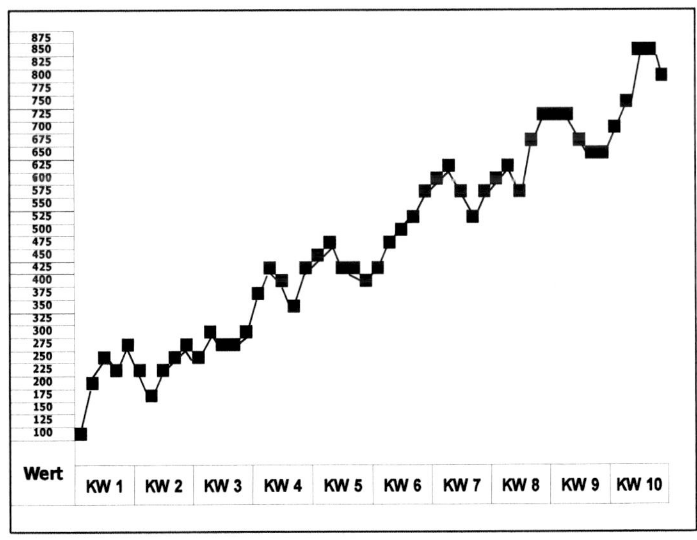

Der Balkenchart

Dieser Chart ist komplexer aufgebaut, da neben dem Schlusskurs auch der Eröffnungskurs, das Tageshoch und das Tagestief berücksichtigt werden. Die grafische Darstellungsweise erfolgt als senkrechter Balken pro Tag.

Sowohl der Eröffnungskurs als auch der Schlusskurs sind im Chart fixiert (Beginn und Ende des Börsentags), das Tageshoch und das Tagestief dagegen sind variabel, da sie durch den Kursverlauf bestimmt werden. Der Balken wird durch den Höchst- bzw. Tiefstkurs bestimmt. Die Länge des Balkens spiegelt dabei die Tagesdifferenz zwischen Höchst- bzw. Tiefstkurs wider.

Der Eröffnungskurs wird durch einen kleinen Strich stets links, der Schlusskurs stets rechts in der Grafik angezeigt. Fallende Kurse werden als rote Balken, steigende Kurse als grüne Balken angezeigt.

Beispiel Balkenchart

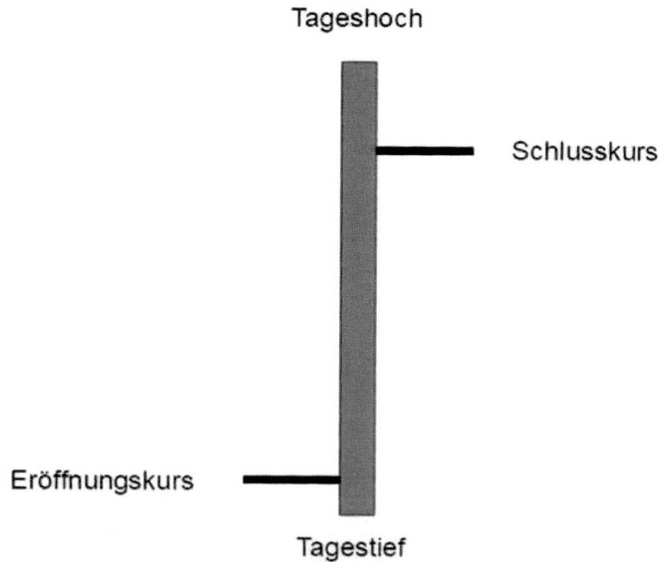

Beschreibung positiver Tageskurs: Sie erkennen am oberen Ende des Balkens das über den ganzen Tag erzielte Tageshoch, am unteren Ende das entsprechend erzielte Tagestief. Begonnen hat der Handelstag mit dem Eröffnungskurs, der in dieser Grafik knapp über dem Tagestief liegt. Geendet hat der Handelstag mit dem Schlusskurs, der unterhalb des Tageshochs, aber deutlich über dem Eröffnungskurs liegt. Eine positive Entwicklung, daher die Darstellung in Grün.

Beispiel Balkenchart

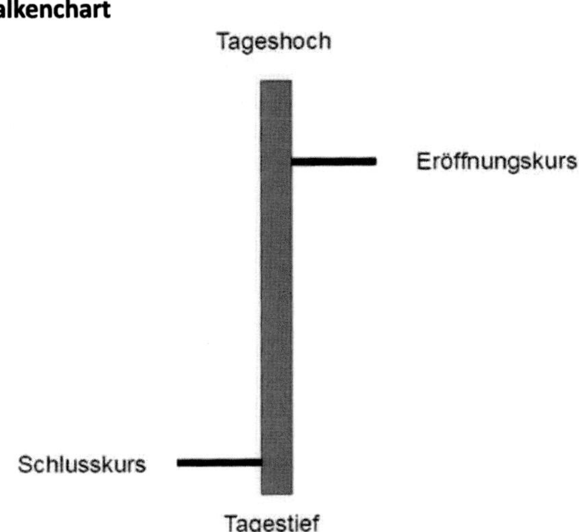

Beschreibung negativer Tageskurs: Sie erkennen erneut am Balken das erzielte Tageshoch, das erzielte Tagestief, den Eröffnungskurs und den Schlusskurs des Handelstags. Diesmal liegt allerdings der Schlusskurs deutlich unter dem Eröffnungskurs. Eine negative Entwicklung, daher die Darstellung in Rot.

Die Variante des Balkencharts wird für unterschiedlichste Strategien genutzt, da die Aussagekraft deutlich, aber sehr einfach gehalten ist. Besonders beliebt ist diese Chartform bei Anlegern, die sich auf das sogenannte *Day-Trading* (Tageshandel) spezialisiert haben.

Ein Balkenchart wird in Fachkreisen häufig auch als OHLC-Chart bezeichnet. In dieser Abkürzung verbergen sich die im grafischen Balken hinterlegten vier Eckpunkte:

- „O" steht für „Open" = Eröffnungskurs
- „H" steht für „High" = Tageshoch
- „L" steht für „Low" = Tagestief
- „C" steht für „Close" = Schlusskurs

Hinweis!
Diesen Chart sehen Sie auf den Portalen von Finanzinstituten bzw. Brokern nicht als Einzeltag, sondern nacheinander aufgereiht über einen längeren Zeitraum erfasst, im Regelfall über 30 Tage.

Der Kerzen-Chart (Candle-Stick-Chart)

Ein Kerzenchart ist im Grundsatz ein veränderter Balkenchart. Der Unterschied liegt darin, dass durch einen Kerzenchart Kursverläufe für unterschiedlich festgelegte Zeiträume dargestellt werden können. Diese Zeiträume können z. B. sein:

- Minute
- Stunde
- Tag
- Woche
- Monat

und alle möglichen Zeiträume, die dazwischen oder darüber liegen.

Hinweis!

In der Finanzwelt kommen beim Kerzenchart auch folgende Bezeichnungen zum Tragen:

Ansteigender Kurs = Aufwärtskerzen als *Bullish*

Absteigender Kurs = Abwärtskerze als *Bearish*

Unveränderter Kurs = Eröffnungskurs gleich Schlusskurs als *Doji*

Die Größe (Höhe) einer Kerze resultiert aus der Differenz von Eröffnungs- und Schlusskurs. Auch hierbei wird mit den Farben Grün (gestiegener Kurs) und Rot (gefallener Kurs) gearbeitet und die beiden Fixpunkte Eröffnungs- und Schlusskurs wechseln, analog zum Balkenchart, je nach Kursentwicklung ihre Position. Oberhalb und unterhalb des Kerzenkörpers ragt jeweils eine Linie, wie ein kerzenähnlicher Docht, heraus. Die Länge dieser Dochte zeigen die Schwankungen während des betrachteten Kursverlaufes an. Die so dargestellten Chartformationen bilden die Grundlage für die unterschiedlichsten Handelsstrategien.

Darstellung einer positiven (links) und negativen (rechts) Kerze aus einer Chartanzeige

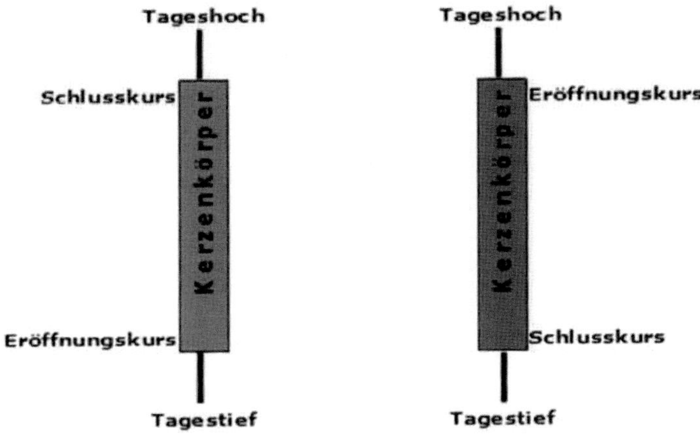

Diese Chartformation ist, wie der Balkenchart, bestens für das *Day-Trading* (Tageshandel) einsetzbar, da im Unterschied zum Balkenchart während eines Handelstages nicht einmal pro Tag eine grafische Darstellung erfolgt, sondern mehrmals in kleineren Zeiteinheiten über den Tag möglich sind. Sie sollten aber immer bedenken, dass, je kleiner die gewählte Zeiteinheit ist, desto größer die Anzahl der Kerzen ausfällt.

Beispiel: Bei einem durchschnittlichen Handelstag an einer Börse von 08:00 bis 16:30 Uhr würden bei einer Zeiteinheit von 15 Minuten insgesamt 35 Kerzen gebildet, bei einer Zeiteinheit von 10 Minuten aber bereits 52 Kerzen und bei einer Zeiteinheit von 30 Minuten dagegen nur 17 Kerzen.

Unterschiedliche Formationen beim Candle-Stick

Die Informationen, die Händler aus einem Candle-Stick-Chart ziehen können, bzw. die Maßnahmen, die veranlasst werden, finden sich in immer wiederkehrenden Anordnungen der Kerzen innerhalb dieser Chartvariante. Aus den Merkmalen dieser Anordnungen, auch als Formation oder Pattern bezeichnet, lassen sich z. B. Rückschlüsse zu Trendwenden oder Trendfortsetzungen ziehen.

Wichtig!

Grundsätzlich gilt beim Handel folgende Regel: Niemals eine Maßnahme starten, die auf den Erkenntnissen eines Charts beruhen. Immer mindestens eine zweite Information zu Hilfe ziehen. Dies gilt auch bei Formationen des Candle-Stick-Charts.

Nachfolgend eine kleine Auswahl gängiger Formationen / Patterns:

Hammer

Diese Formation tritt überwiegend bei einem länger anhaltenden Abwärtstrend, ggf. mit einem kurzzeitigen Aufwärtstrend, auf. Als Hammer wird der letzte erkennbare Kerzenkörper vor dem Kursanstieg bezeichnet. Der Hammer zeichnet sich durch einen kleinen Kerzenkörper und einen langen, nach unten ausgehenden Docht aus. Der Docht sollte dabei mindestens die doppelte Länge des Kerzenkörpers aufweisen. Ein Docht nach oben ist nicht oder nur sehr gering erkennbar.

Ein Hammer zeigt die Umkehr eines Trends von fallend auf steigend an und kann als Signal für einen Kauf der Aktie betrachtet werden.

Inverted Hammer

Der Unterschied dieser Formation liegt allein darin, dass der Docht der untersten Kerze nicht nach unten, sondern nach oben ausgerichtet ist.

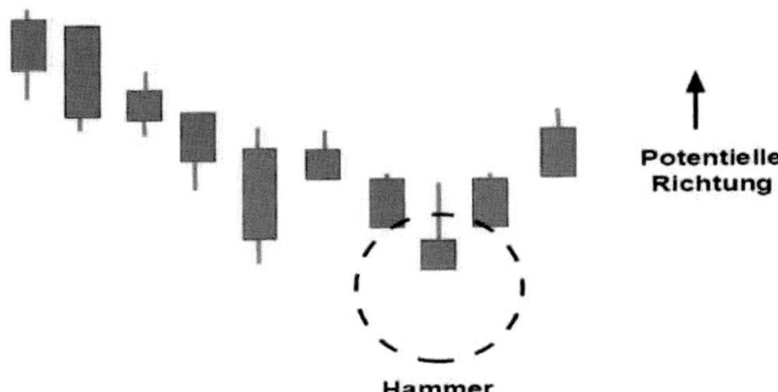

Auch in dieser Formation wird die Umkehr eines Trends angezeigt. Auch dieses Bild kann als Signal für einen Kauf der Aktie betrachtet werden.

Bullish oder Bearish Engulfing

Beide Formationen bestehen in einem grafisch dargestellten Trend immer aus zwei Kerzen:

- Die erste Kerze bewegt sich bzw. stagniert tendenziell in die vorherrschende Bewegung des Trends.
- Die zweite Kerze ändert die Bewegung des Trends, entweder in eine positive (bullish) oder eine negative (bärisch) Richtung.

Beispiel eines Bullish Engulfing

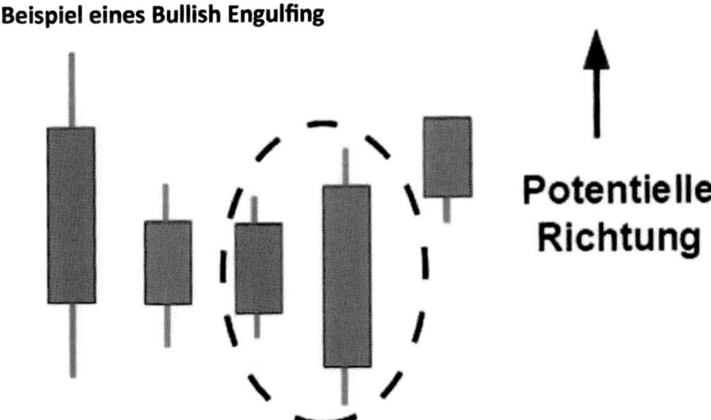

Eine Bullish-Engulfing-Chartdarstellung ist ein eindeutiges Signal für den Kauf einer Aktie.

Beispiel eines Bearish Engulfing

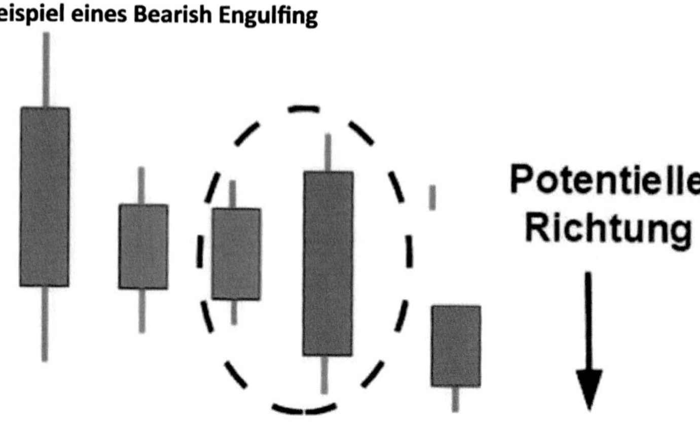

Eine Bearish-Engulfing-Chartdarstellung ist ein eindeutiges Signal für den Verkauf einer Aktie.

TRADING-INDIKATOREN

Unter einem Trading-Indikator versteht man eine Berechnungsformel, mit der vorzugsweise Candle-Stick-Charts in ihrer Kursvergangenheit betrachtet und analysiert werden können. Die Analysen beziehen sich dabei auf berechenbare Wahrscheinlichkeiten, mit denen die richtigen Zeitpunkte für einen Kauf bzw. Verkauf angezeigt werden. Bei den Tradern ist die Arbeit mit Indikatoren sehr beliebt. Die Auswertung bedarf zwar eines etwas höheren Zeitaufwands, der aber durch eine nahezu garantierte Gewinnmitnahme ausgeglichen wird, ganz gleich, ob angezeigte Ein- oder Ausstiegssignale umgesetzt wurden.

Trading-Indikatoren können Sie in unterschiedlichen Varianten verwenden, die am häufigsten genutzten sind:

➢ Oszillatoren **(siehe Kapitel 8.5.3)**
➢ Tendenzindikatoren **(siehe Kapitel 8.5.3)**
➢ Volumenindikatoren

Diese Indikatoren analysieren ausschließlich das Handelsvolumen, z. B.:

- Liegen attraktive Preise für einen Ankauf vor?
- Ist der aktuelle Preis für einen erfolgreichen Verkauf angebracht?

➢ Fundamentalindikatoren

Hiermit können einzelne Transaktionen auf ihre Wirtschaftlichkeit hin analysiert werden. Sie erscheinen allerdings nicht in den üblichen Charts, sondern werden aufgrund der vorliegenden Daten separat dargestellt.
Trading-Indikatoren können Ihnen als Anleger wertvolle Hinweise bei der Analyse eines Charts geben. Sie helfen Ihnen u. a. dabei,

- den Handelsmarkt richtig einzuschätzen,
- für Ihr persönliches Trading das geeignete Finanzprodukt zu finden,
- einen Gesamtüberblick zu interessanten Kursverläufen zu ermöglichen,
- die richtigen Ein- bzw. Ausstiegssignale zu finden und festzulegen.

Gleitende Durchschnitte

Mit einem gleitenden Durchschnitt wird der Kurs eines Finanzproduktes über festgelegte Zeitspannen beobachtet. Diese Zeitspannen beziehen sich auf unterschiedliche Längen, die nach einer Auswertung übereinandergelegt werden, um daraus im Ergebnis einen durchschnittlichen Trend (Kurs) zu ermitteln. Dieser Trend wird danach in einem Chart angezeigt. Die Zeitspannen beziehen sich im Regelfall auf Perioden von 38, 100 oder 200 Tagen. Sie lassen sich aber auch problemlos mit anderen Zeiteinheiten ermitteln. Wenn über längere Zeiträume beobachtet wird, kann man davon ausgehen, dass sich der Trend gleitend entwickelt, daher die Bezeichnung „gleitender Durchschnitt".
Mit dem gleitenden Durchschnitt eines Finanzproduktes lassen sich Entscheidungen treffen, z. B. Ein- und Ausstiegspunkte, Höhe des Kapitaleinsatzes oder, für Daytrader durchaus interessant, ob der Trade nur eine Stunde oder entsprechend länger dauern soll. Für Sie als Trader können die Ergebnisse aus der langfristigen Beobachtung des Trends hervorragend für ein kurzfristiges Trading genutzt werden. Wie erwähnt, können gleitende Durchschnitte mit unterschiedlichen Zeiträumen ermittelt werden. Alle finden aber ihre Basis in zwei grundsätzlichen Varianten:

- einfacher gleitender Durchschnitt (SMA)
- exponentieller gleitender Durchschnitt (EMA)

Einfacher gleitender Durchschnitt (SMA = Simple Moving Average)

Hierbei handelt es sich nicht nur um die älteste, sondern, wie die Bezeichnung andeutet, um die einfachste Variante einer Chartdarstellung. Selbst als Charts noch per Hand gezeichnet wurden, wurde der gleitende Durchschnitt bereits für Handelsstrategien hinzugezogen. Für die Ermittlung des gleitenden Durchschnitts wird der jeweilige Tageshöchstwert innerhalb eines gewählten Zeitraumes genutzt. Der gewählte Zeitraum wird dabei strikt eingehalten, indem bei einem neuen Tageswert der älteste Tageswert gelöscht wird.

Beispiel-Zeitraum bei einem Betrachtungszeitraum von 200 Tagen

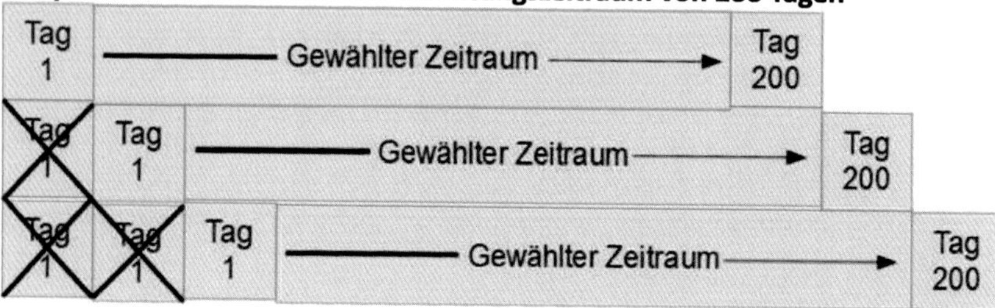

Angezeigt wird der gleitende Durchschnitt zwar als separate Kurslinie, die Errechnung erfolgt allerdings im Hintergrund gemäß folgender Formel:

Summe aller Tages-Schlusskurse innerhalb des Berechnungszeitraumes
geteilt durch
Anzahl der Handelstage innerhalb des Berechnungszeitraumes

Bei der grafischen Darstellung des gleitenden Durchschnitts ergeben sich zwei Möglichkeiten der Linienführung, die mit speziellen Fachausdrücken beschrieben werden:

- Der gleitende Durchschnitt tendiert nach oben = Bullisch.
- Der gleitende Durchschnitt tendiert nach unten = Bärisch.

Exponentieller gleitender Durchschnitt (EMA = Exponential Moving Average)

Hierbei handelt es sich um eine Erweiterung des gleitenden Durchschnitts (SMA). Auch hierbei wird der Zeitraum stets beibehalten, indem jeweils der älteste Tag gelöscht wird. Allerdings fließen nicht nur die Tagesschlusskurse in die Berechnung ein, sondern sämtliche vorliegenden Kurspositionen, die sich im Laufe des Handelstages aus Auf- und Abwärtsbewegungen ergeben. EMAs können auch über einen kürzeren Zeitraum (unter 38 Tage) als SMAs berechnet werden. Angezeigt wird der exponentielle Durchschnitt auch als separate Kurslinie, die Errechnung erfolgt ebenfalls im Hintergrund gemäß folgender Formel:

Summe aller Kurswerte pro Tag innerhalb des Berechnungszeitraumes
geteilt durch
Anzahl der Handelstage innerhalb des Berechnungszeitraumes

Tipp:
EMAs sind für Ihr Trading besser geeignet, da sie über mehr verfügbare Einzeldaten und für einen kürzeren Zeitrahmen berechnet werden.

Weitere bekannte Indikatoren sind u. a.:

Bollinger Bänder

Bollinger Bänder bestehen aus insgesamt drei Bändern (Linien), die auf einen aktuellen Kurs gelegt werden. Das mittlere Band entspricht dem gleitenden Durchschnitt (Berechnungsbasis mindestens 20 Handelstage). Für die Kennzeichnung des oberen Bandes wird die Abweichung des Kurses mit dem Wert des gleitenden Durchschnitts (mittleres Band) summiert. Bei dem unteren Band erfolgt genau das Gegenteil. Der gleitende Durchschnitt wird von der Abweichung des Kurses mit dem Wert des gleitenden Durchschnitts (mittleres Band) subtrahiert.

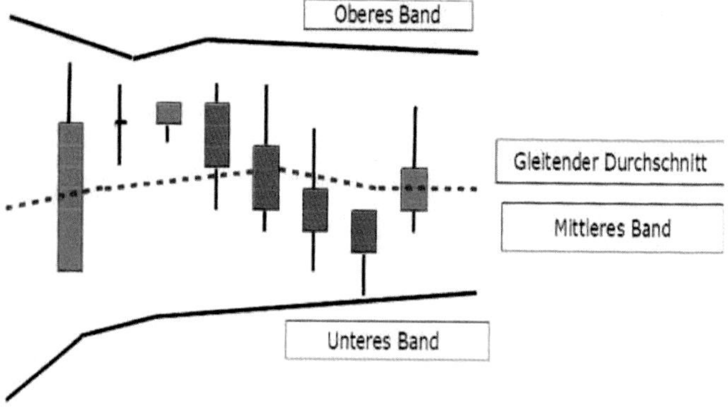

Im Bereich zwischen dem oberen und unteren Band werden Schwankungen des Kurses erwartet. Gleichzeitig wird mit diesem Bereich die *Volatilität* des Marktes angezeigt. Dabei gibt es zwei Möglichkeiten:

- Liegen die Bänder parallel, aber dicht beieinander, wird die Volatilität niedrig eingestuft.
- Liegen die Bänder parallel, aber weit auseinander, wird die Volatilität hoch eingestuft.

Erweitert sich der Abstand der Bänder im Betrachtungszeitraum, gibt es entweder eine neue Kursentwicklung oder diese steht kurz bevor.

Pivot-Punkte

Hierbei handelt es sich um mathematisch ausgerechnete Punkte in einem Chart, grafisch durch jeweils drei Unterstützungs- bzw. Widerstandslinien dargestellt. Die Unterstützungslinien sind im Chart mit den Kennungen S1, S2 und S3 sichtbar, die Widerstandslinien mit den Kennungen R1, R2 und R3. Über allem steht der Haupt-Pivot-Punkt (P), der aus den drei Parametern Höchstkurs, Tiefstkurs und Schlusskurs des Vortages ermittelt wird.

Die mathematische Errechnung der einzelnen Punkte erfolgt folgendermaßen:

P	Höchstkurs	+	Tiefstkurs	+	Schlusskurs	/	3
R1	P	x	2	-	Tiefstkurs		
R2	P	+	Höchstkurs	-	Tiefstkurs		
R3	P	x	2	-	Tiefstkurs	+	Höchstkurs
S1	P	x	2	-	Höchstkurs		
S2	P	-	Höchstkurs	-	Tiefstkurs		
S3	Tiefstkurs	-	(2 x (Höchstkurs – Pivot-Punkt))				

Die Pivot-Punkte markieren Wendepunkte in einem Trendverlauf. Liegt der aktuelle Kurs über dem Punkt „P“, kann von einer Kurssteigerung ausgegangen werden. Liegt der Kurs unter dem Punkt „P“, steht eine Kursverschlechterung bevor.

MACD (Moving Avarage Convergence Divergence)

Der MACD besteht aus einer blauen und einer orangen Linie. Bei der blauen Linie (MACD-Linie) wird ein exponentieller Durchschnitt von 26 Zeiteinheiten um den exponentiellen Durchschnitt von 12 Zeiteinheiten subtrahiert. Bei der orangen Linie (Signallinie) wird ein exponentieller Durchschnitt von 9 zugrunde gelegt. In Verbindung mit einer Skala wird dieser Chart unterhalb des eigentlichen Charts dargestellt.

Auf den ersten Blick lässt sich diese Grafik mit den Grafiken eines gleitenden Durchschnitts vergleichen. Interessant wird die Ansicht allerdings dann, wenn sich beide Linien kreuzen. Übersteigt die blaue MACD-Linie, die von unten kommt, die orangefarbige Signallinie, die von oben kommt, sollten Sie schnell eine Kauforder veranlassen. Hier ist mit einer sicheren Kurssteigerung zu rechnen. Anders sieht es im umgekehrten Fall aus. Kreuzt die blaue Linie die orange Linie von oben nach unten, sollten Sie möglichst schnell verkaufen. Der Kurs wird mit Sicherheit fallen.

RSI (Relative Strengh Index)

Bei diesem Indikator werden Geschwindigkeit und Richtung eines Kursverlaufes miteinander ins Verhältnis gesetzt. Der RSI weist einen Wert zwischen einem Niedrigstand „0" und einem Höchststand von „100" auf und setzt für Berechnungen eine 14er-Zeiteinheit ein, aus der ein gleitender Durchschnitt errechnet wird. In der grafischen Darstellung werden zwei Signale (Linien) gesetzt, im Regelfall bei den Kennzahlen 30 und 70. Diese Kennzahlen haben sich im Laufe der Jahre bewährt. Sie können aber jederzeit auch andere Kennzahlen einsetzen. Kursbewegungen im Bereich zwischen 30 und 70 werden als normal bewertet. Bewegungen oberhalb 70 befinden sich in dem Bereich >Überkaufter Markt<, Bewegungen unterhalb 30 im Bereich >Unterkaufter Markt<. Entscheidend für Ihr Trading sind jetzt die Über- bzw. Unterschreitungen beider Linien durch Auf- und Abwärtstrends. In diesen Fällen sollten Sie über einen Verkauf (Abwärtstrend = Unterschreitung der 70er-Linie) bzw. einen Ankauf (Aufwärtstrend = Überschreiten der 30er-Linie) nachdenken.

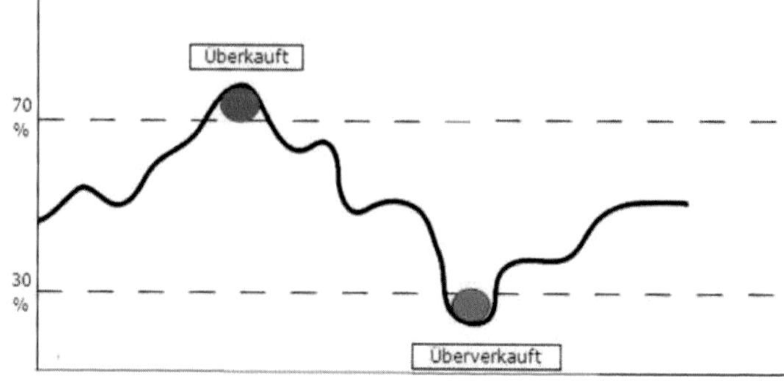

Oszillatoren / Tendenzindikatoren

Der Handel mit Aktien verläuft in der Regel nicht nur schnell, sondern vor allem dynamisch. Während die gleitenden Durchschnitte dabei die klassischen Bewegungen eines Kurses anzeigen, dienen *Oszillatoren* und *Tendenzindikatoren* eher dazu, gezielte Aussagen in Form von Kennzahlen zum Handelsprodukt zu treffen. Zu diesen gezielten Aussagen gehört z. B. die Definition eines möglichen Ein- oder Ausstiegs aus dem Handel.

Tendenzindikatoren können dabei mit einem separaten Kursfenster und einer Kennlinie in zwei unterschiedlichen Varianten in einem Chart dargestellt werden.

➢ Variante 1 = Der Indikator wird mit einer eigenen Kennlinie in einer grafischen Darstellung direkt, wie z. B. der gleitende Durchschnitt, angezeigt **(siehe Kapitel 8.5.1)**

➢ Variante 2 = Der Indikator wird unterhalb einer grafischen Darstellung separat mit einer Kennlinie angezeigt.

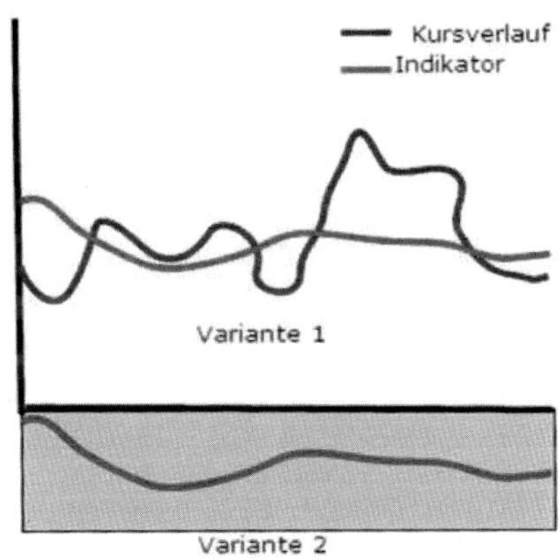

Während Tendenzindikatoren das Ganze eines Kurses betrachten und langfristige Trends anzeigen, konzentrieren sich Oszillatoren dagegen auf die Entwicklung eines Kurses. Dabei werden Oszillatoren als Ausgangspunkte für „normal" entwickelte Kursbewegungen betrachtet. Entstehen jetzt extreme Situationen, z. B. durch übermäßig hohe Käufe bzw. Verkäufe, und werden diese Ausgangspunkte über- oder unterschritten, bezeichnen Fachleute diese Ausgangslage als überkauften Markt bzw. überverkauften Markt. Durch die gesetzten Oszillatoren wird der erfahrene Trader nicht nur rechtzeitig gewarnt, er wird mit diesen Extremen richtig umzugehen wissen und weder in Panik (Verkauf) noch in Euphorie (Ankauf) verfallen.

Die grafische Darstellung von Oszillatoren wird in einem sogenannten Oszillatoren-Band vorgenommen. Die Grafik ist mit einer sogenannten Null-Linie versehen und anstatt der Anzeige eines Kurswertes wird eine prozentuale Abweichung von der „normalen" Kursentwicklung in Plus bzw. Minus angezeigt.

Schaubild Oszillatoren-Band

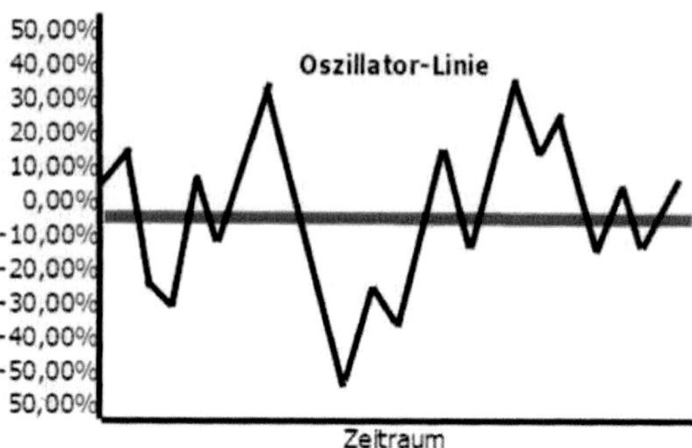

Auf der y-Achse sind die positiven und negativen Prozentwerte eingetragen, im Schaubild dargestellt in einer Spanne von plus 50 % bis minus 50 %. Die Auswahl dieser Werte ist beliebig, sollte aber plus 200 / minus 200 nicht überschreiten.

➢ Die x-Achse bezieht sich auf den Zeitraum. Im Schaubild ist ein Tag gewählt. Auch diese Auswahl ist beliebig, sollte allerdings zur besseren Übersicht nicht mehr als 20–25 Tage betragen.

➢ Bei der Kennzeichnung 0 % zeichnen Sie jetzt eine Linie ein, die parallel zur x-Achse verläuft.

➢ Berechnen Sie jetzt für jeden bezugnehmenden Kurspunkt seinen prozentualen Abstand zum gleitenden Durchschnitt und tragen Sie diesen entweder mit Plus oder mit Minus entsprechend ein.

➢ Verbinden Sie jetzt die einzelnen Punkte. Die daraus resultierende Kurve ist die Oszillator-Linie.

Erkenntnisse:

➢ Oszillatoren ermöglichen Tradern, einen Kursverlauf präzise vorherzubestimmen und entscheidende Szenarien einer Kursentwicklung schneller zu erkennen.

➢ Oberhalb der 0-Linie befinden Sie sich in der sogenannten Kauf-Zone. Als Trader sollten Sie jetzt über einen Einstieg in den Handel entscheiden.

➢ Unterhalb der 0-Linie befinden Sie sich in der sogenannten Verkaufszone. Als Trader sollten Sie jetzt schnellstmöglich über einen Ausstieg aus dem Handel nachdenken.

Oszillatoren/Tendenzindikatoren lassen sich in den unterschiedlichsten Charts grafisch darstellen. Nachfolgend eine kleine Auswahl:

Momentum
Der Momentum-Indikator ist ein bereits älteres Analyse-Modell, deshalb aber nicht uninteressant. Mit Momentum werden die relativen Kursveränderungen durch eine mathematische Formel errechnet und über eine Zeiteinheit (n) grafisch dargestellt. Die Rechenformel für Momentum lautet:

Momentum = Schlusskurs heute / Schlusskurs vor n-Tagen x 100

Die Zeiteinheit „n-Tage" kann innerhalb der Formel individuell festgelegt werden. Kleinere Zeiteinheiten, z. B. bis 30 Tage, ergeben ein kleineres Momentum, größere Zeiteinheiten, z. B. 3–12 Monate, ergeben ein längeres Momentum. Das Ergebnis dieser Rechnung ergibt die sogenannte „0-Linie". Liegt nun ein Punkt über dieser „0-Linie", ist der Kurs aktuell höher als zur ausgewählten Zeiteinheit „n-Tage". Liegt ein Punkt unter der „0-Linie", war der Kurs vor der ausgewählten Zeiteinheit „n-Tage" höher als heute (zum jetzigen Moment!). Im Ergebnis hat sich aber dieser Kurs verschlechtert.

Mit Momentum lassen sich auf einfache Art Trendwenden ausmachen, die bei Über- oder Unterschreitung der „Null-Linie" dem Trader das Signal für einen Kauf bzw. Verkauf geben. Durch seine einfache Struktur ist Momentum bestens für Neueinsteiger im Börsenhandel geeignet.

Momentum zeigt aber auch eine kleine Schwäche. Da sich heutzutage Kurse immer häufiger seitwärts bewegen und dabei die Kursausschläge auch kleiner ausfallen, ergeben sich auch weitaus mehr Schnittstellen. Das erschwert zwangsläufig die Entscheidungen für Kauf bzw. Verkauf. Mit entsprechender Geduld ist aber auch dieses kleine Problem zu meistern.

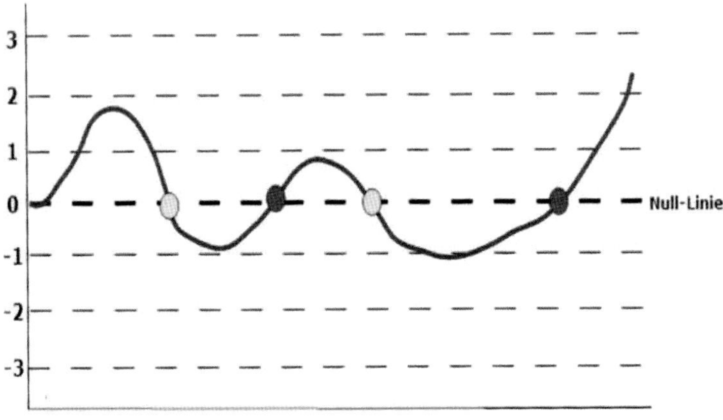

Heller Kreis = Verkaufssignal / Dunkler Kreis = Kaufsignal

Besondere Chartmuster

Sie haben bereits eine Menge Informationen zu Kursen, Trends, Analysen und Charts erhalten und darüber, welche Strategien Sie daraus für Ihr Trading entwickeln können. Es gibt aber noch ein weiteres Kriterium, aus dem Sie interessante Rückschlüsse ziehen können – das Chartmuster.

Was sind aber Chartmuster und wo findet man sie in den Charts?

Chartmuster basieren meistens auf geometrischen Formen, z. B. Rechtecke, Quadrate usw. Suchen Sie in Ihren Charts nach derartigen Mustern und Sie werden sehr schnell feststellen, dass sich beim Betrachten eines ganzen Kurs-/Trendverlaufes diese Muster wiederholen. Betrachten Sie diese Muster dann noch etwas genauer, werden Sie feststellen, dass sie eine ähnliche Struktur aufweisen und sich der Markt meistens nach identischen Regeln verhält. Nachfolgend werden Ihnen einige dieser Muster vorgestellt, die alle auch für ein erfolgreiches Daytrading geeignet sind.

Gaps (Kurslücken)

Mit dem Begriff „Gaps" werden Lücken im Kursverlauf beschrieben. Wie entstehen aber diese Kurslücken? Schließlich ist doch den ganzen Tag über Bewegung im Kurs. Das ist richtig! Im Regelfall entstehen Kurslücken in Phasen, in denen eben nicht gehandelt wird, z. B. nach dem Tageswechsel, aber auch nach einem Wochenende. Gaps entstehen dabei nach zwei Mustern:

Muster 1: Bei Eröffnung des Handelstages liegt der Tiefpunkt aktuell höher als der Höchststand vom Vortag. Es handelt sich um eine Kurslücke nach oben (positiv).

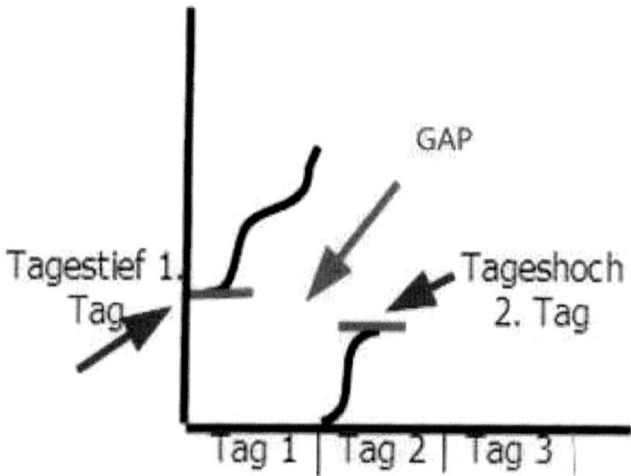

Muster 2: Bei Eröffnung des Handelstages liegt der Höchststand des aktuellen Tages niedriger als der Tiefpunkt des Vortages. Es handelt sich um eine Kurslücke nach unten (negativ).

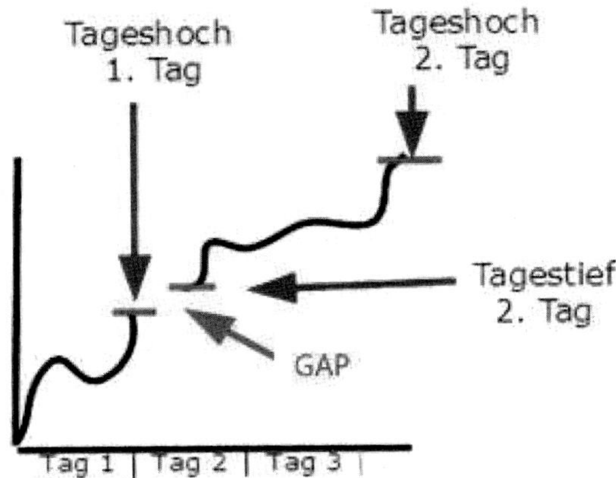

Zur Darstellung von Gaps sind Liniencharts absolut ungeeignet, da sie lediglich den Gesamtverlauf eines Kurses widerspiegeln. Balkencharts dagegen, mit ihrer Anzeige von Eröffnungs- und Schusskurs sowie den täglichen Hochs und Tiefs sind dagegen bestens geeignet. Allerdings sind bei der Verfolgung von Gaps für einen Trader Geduld und schlussendlich auch Risikobereitschaft gefordert. Das „klassische" Beispiel für das Handeln aufgrund eines Gaps:

Sie stellen über einen längeren Zeitraum fest, dass der Tiefpunkt eines Kurses immer am Montag (1. Handelstag nach einem Wochenende) höher liegt als der Höchststand am Freitag vor dem Wochenende. Da im Regelfall alle Gaps geschlossen werden (Verluste wieder aufholen, Gewinne wieder abgeben), können Sie sich als Daytrader an dieser Spekulation beteiligen, die eigentlich nur beim Langzeit-Traden Erfolg verspricht. Legen Sie sich am Wochenende eine Strategie für Ihren Handelstag fest, z. B.:

- Festlegung des Ausstiegspunktes, sollte der Kurs wider Erwarten weiter sinken.

Tipp: Maximal minus 10 % vom Einstiegswert (abhängig von der Höhe des Einstiegskurses).

- Höhe des einzusetzenden Kapitals

Tipp: am Anfang grundsätzlich nur den Wert des Einstiegskurses am Montag früh; nach entsprechenden Erfahrungen im Trading und einer gewissen Risikobereitschaft den Wert des Höchstpunktes vom Freitag

- Die Zeitdauer Ihrer Handelsaktivität, dabei Risikobereitschaft abwägen (Kursverlauf alle 15 Minuten beobachten = M15-Chart)

Wie können Gaps aber überhaupt entstehen? Dafür gibt es unterschiedliche Gründe aus Wirtschaft und Politik. Dazu gehören z. B.:

- Bekanntgabe neuer Quartalszahlen eines Unternehmens
- Ankündigungen von Unternehmensübernahmen
- Drastische Änderungen in den Gegebenheiten eines Marktes
- Politische Entwicklungen (Wahlergebnisse)
- Kriegerische Auseinandersetzungen
- Naturkatastrophen

Die 4 Varianten der Gaps (Kurslücken)

Sie stellen über einen längeren Zeitraum fest, dass der Tiefpunkt eines Kurses immer am Montag (1. Handelstag nach einem Wochenende) höher liegt als der Höchststand am Freitag.

Bei einem Handelsplatz, der nicht 24 Stunden pro Tag für den Handel mit Finanzprodukten geöffnet hat, z. B. ein Forex-Markt, gehören Gaps sogar zur Normalität. Genau betrachtet eröffnet an diesen Handelsplätzen kein Kurs zum Wert des Vorabends. Das Entscheidende ist jetzt aber, wie extrem diese Gaps ausfallen. Gaps werden in vier unterschiedliche Varianten gegliedert, die jede für sich eigene Auswirkungen aufweist. Es ist für Sie als Daytrader absolut wichtig, diese Auswirkungen zu erkennen.

Am häufigsten bilden Gaps nur kleine Lücken, die sich lediglich aus einer leichten Kurskorrektur über zwei Handelstage bilden. Die Gründe dafür sind zweigeteilt. Zum einen kann sich der Kurswert aufgrund fehlenden Interesses für das Finanzprodukt leicht verschlechtern. Zum anderen kann aber genau diese Situation am Folgetag für ein größeres Kaufinteresse sorgen und damit den Kurswert verbessern. Unter erfahrenen Tradern gelten diese Gaps als völlig normal und werden für das weitere Trading als wenig risikoreich angesehen, ganz gleich, ob der Kurs leicht aufwärts oder leicht abwärts startet. Aufgrund dieser Bewegungsrichtung werden diese Varianten unter Fachleuten auch als Auf- bzw. Abwärts-Gaps, im Fachjargon als *Common Gaps*, bezeichnet.

Common Gaps (Normale Kurslücken)

Definition und Strategie bei einem Aufwärts-Gap

Der Eröffnungskurs des aktuellen Handelstages liegt über dem Höchstwert des Vortags. Als Trader sollten Sie in dieser Situation eine *Short-Position* veranlassen. Es ist mit einem fallenden Kurs zu rechnen, da sich der aktuelle Tageskurs durch die Handelsaufträge bereits nach kurzer Zeit auf den letzten Kursstand einpendelt.

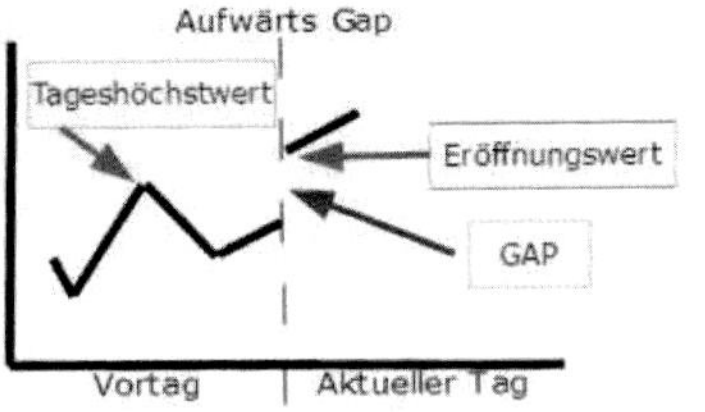

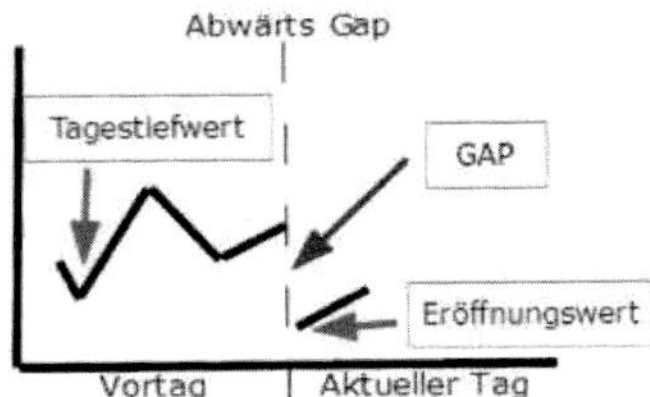

Definition und Strategie bei einem Abwärts-Gap

Der Eröffnungskurs des aktuellen Handelstages liegt unter dem Tiefstwert des Vortags. Als Trader sollten Sie in dieser Situation eine *Long-Position* eingehen. Es ist mit einem steigenden Kurs zu rechnen, da sich der aktuelle Tageskurs durch die Handelsaufträge bereits nach kurzer Zeit auf den letzten Kursstand einpendelt.

Problematischer für das Trading sind die Lücken, die durch äußere Ereignisse entstehen und entsprechend größer sind.

Tipp:
Um durch einen Gap kein Kapital zu verlieren, sollten Sie keinen Trade über Nacht und auf gar keinen Fall über ein Wochenende aufrechterhalten. Es könnte der Fall eintreten, dass die Signalpunkte Ihrer Strategie nicht berührt werden und somit Verluste drohen.

Breakaway Gaps (Ausbruch-Kurslücken)

Bei einem Breakaway Gap wird ein Ausbruch des Kurses aus seinem Handelsverlauf (Trend) und der daraus resultierenden Handelsspanne sichtbar. Auslöser hierfür können z. B. starke Preisbewegungen sein, die durch Widerstand und Unterstützung beeinflusst werden und daher nach oben bzw. nach unten ausbrechen können. Im Regelfall entstehen Breakaway Gaps aus einem Seitwärtstrend heraus und setzen sich nach der Kurslücke ähnlich fort. Diese Fortsetzung kann sich aber auch auf einem höheren, manchmal auch auf einem niedrigeren Level einpendeln, insbesondere wenn die Kauf- bzw. Verkaufsaktivitäten der Trader steigen oder sinken. Breakaway Gaps können durchaus mehrmals in einem Kursverlauf vorkommen.

Schaubild eines Breakaway Gaps

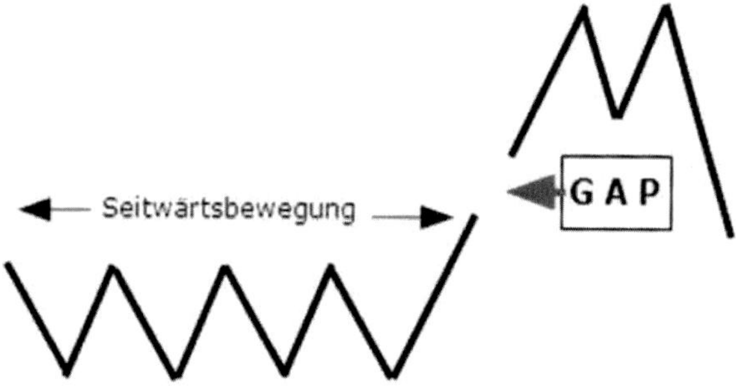

Runaway Gaps (Ausreißer-Kurslücken)

Diese Variante einer Kurslücke bildet sich ebenfalls durch ein erhöhtes Kauf- bzw. Verkaufsinteresse der Trader. Der Unterschied gegenüber dem Breakaway Gap liegt allerdings darin, dass sich der Kurs nach der Lücke stärker nach oben bzw. nach unten weiterentwickelt. Runaway Gaps können durchaus mehrmals in einem Kursverlauf vorkommen.

Schaubild eines Runaway Gaps mit aufsteigendem Trend

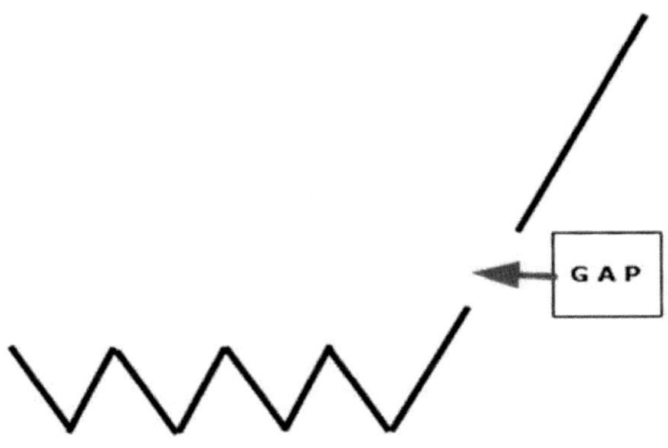

Exhausting Gaps (Erschöpfungs-Kurslücken)

Diese Variante zeigt im Regelfall die positive bzw. negative Richtungsänderung eines Trends an. Wie die Bezeichnung schon ausdrückt, beginnt der Kurs, sich durch Erschöpfung zu ändern. Beim ersten Anschein könnte das Wort Erschöpfung stets negativ interpretiert werden, schließlich würde Erschöpfung doch im Regelfall bei einem Kursverlauf zu einem Ende führen. Es muss aber nicht bedeuten, dass der Kursverlauf komplett endet. Möglicherweise verläuft er mit einem niedrigeren Kurs weiter. Trotzdem ist es für den Trader bei einem Aufwärtstrend sehr ärgerlich! Aber auch ein Abwärtstrend kann einer Erschöpfung ausgesetzt sein. Allerdings entwickelt sich hierbei der Kurstrend dann positiv. Für den Trader sehr erfreulich! Daher wird ein Exhausting Gap auch in Fachkreisen als Umkehrsignal betrachtet, bei dem auf jeden Fall eine Reaktion durch den Trader erfolgen sollte. Exhausting Gaps können durchaus mehrmals in einem Kursverlauf vorkommen.

Schaubild eines Exhausting Gaps mit abfallendem Trend

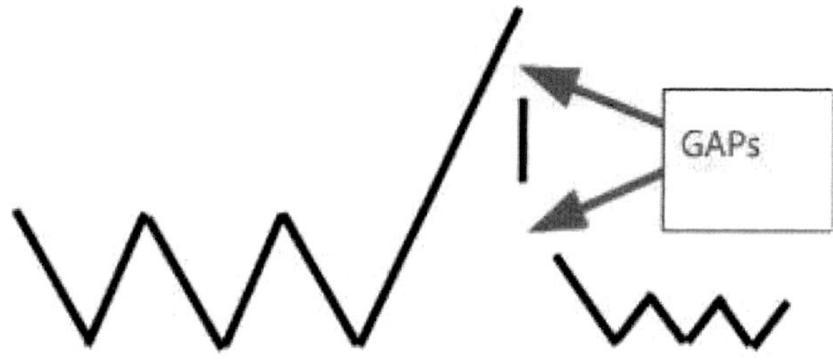

Spike

Bei einem Spike (Deutsch = Speerspitze) handelt es sich um ein sehr spezifisches Chartmuster, das im Grunde auch als Trendumkehrformation beschrieben werden kann. Trendumkehrformationen gibt es eine Vielzahl, doch der Spike sticht mit seiner besonderen Aussagekraft hervor.

Mit Spike wird grafisch eine Kursentwicklung dargestellt, bei der ein eigentlich gleichmäßig verlaufender Trend urplötzlich zu einer Spitze steil ansteigt bzw. steil abfällt, um anschließend wieder in einen gleichmäßigen Trend zurückzufallen. In dieser Bewegung bildet der Schlusskurs des Tages einen neuen Höchstwert bzw. einen neuen Tiefstwert. Die grafische Darstellung entspricht dabei einer Speerspitze.

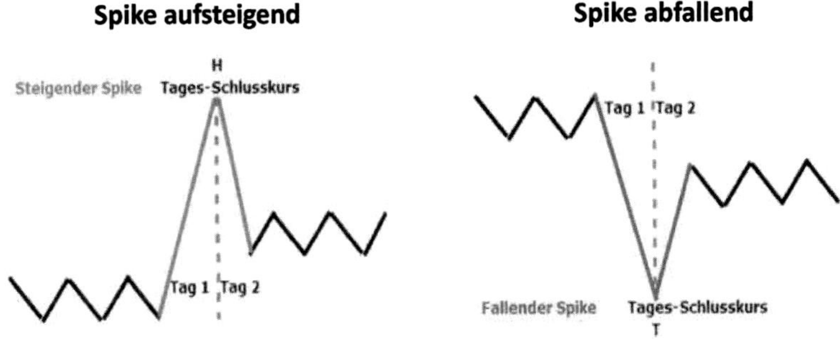

Im Normalfall entsteht ein Spike, wenn Börsennotierungen nach Eröffnung des Handelstages durch den Börsenvorstand neu bewertet werden und dadurch der Kurswert steigt oder fällt. Was sagt aber nun ein Spike aus? Im Regelfall zeigt der Spike an, dass sich ein überhöhter Kauf bzw. Verkauf des Finanzproduktes theoretisch in eine Trendumkehr wandelt. Interessant sind jetzt die Rückschlüsse, die sich aus diesem Chart ziehen lassen. Ein aufsteigender Spike, also ein steigender Trend, ist für alle Trader das Signal, noch schnell in den Handel einzusteigen (Gewinn möglich!). Ein sinkender Spike, also ein fallender Trend, ist eher das Signal für panische Verkäufe (Verlust vermeiden!). Auf derartige Situationen haben sich einige Trader spezialisiert. Sie handeln ausschließlich in einer Spike-Situation, meistens bei aufsteigenden Spikes. Die Kürze eines Spikes passt ideal zu den kurzen Zeiteinheiten beim Trading.

Vorsicht!

Bei einem fallenden Spike lässt sich ebenfalls handeln, da vermutlich nach Ende des Spikes der Kurs etwas ansteigen kann. Mit dieser Vermutung befinden Sie sich aber im Bereich der Spekulation, die ein hohes Risiko beinhaltet und mit einem Verlust enden könnte.

Kopf-Schulter-Formation

Die Kopf-Schulter-Formation gehört zu den bekanntesten Formationen innerhalb der Charts. Unter den Fachleuten wird auch diese Formation eher zu den Umkehr-Formationen gerechnet, da bei Auftreten dieses Chartbildes die Umkehr eines Trendverlaufs erwartet wird.

Eine Kopf-Schulter-Formation entwickelt sich in drei Kursstufen:

1. Kursstufe: Sie erkennen auf dem Chartbild zunächst einen Anstieg des Kurses auf ein Zwischenhoch, der aber umgehend wieder auf das ursprüngliche Level, die sogenannte >Nackenlinie<, zurückfällt. Diese Formation wird als >linke Schulter< bezeichnet.

2. Kursstufe: Nach dem Abfall erholt sich der Kurs wieder, steigt erneut an, aber dieses Mal so extrem, dass das vorherige Zwischenhoch der linken Schulter übertroffen wird. So schnell der Kurs aber auch gestiegen ist, so schnell fällt er auch wieder auf das ursprüngliche Level, die Nackenlinie, zurück. Diese Formation bezeichnet man als >Kopf<.

3. Kursstufe: Im letzten Schritt erfolgt erneut ein Anstieg des Kurses, der allerdings nur das Level der linken Schulter erreicht und auch umgehend wieder auf die Nackenlinie zurückfällt. Es ist die gleiche grafische Darstellung wie bei der linken Schulter, aber von der Ansicht her eben rechts. Daher die Bezeichnung >rechte Schulter<.

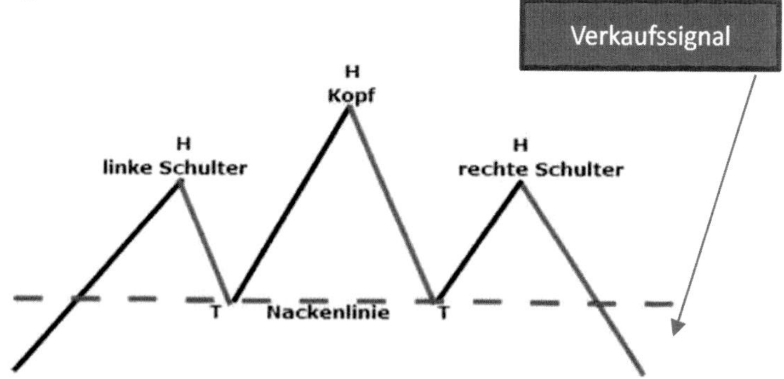

Welche Erkenntnisse können Sie nun aus einer Kopf-Schulter-Formation ziehen?

Fassen wir kurz zusammen: In der grafischen Darstellung erkennen Sie insgesamt drei Zwischenhochs (linke Schulter – Kopf – rechte Schulter), von denen das mittlere das höchste Level erreicht. Die beiden Kursrückgänge in der linken und rechten Schulter fallen jeweils auf das Level der Nackenlinie zurück. Der Kurs der rechten Schulter durchbricht die Nackenlinie sogar. Dies ist das Verkaufssignal für Trader, um Verluste zu vermeiden. Es wird davon ausgegangen, dass der Kurs noch weiter fällt.

Umgekehrte Kopf-Schulter-Formation

Hierbei handelt es sich um eine spiegelverkehrte Ansicht der Kopf-Schulter-Formation. Sie erkennen in der Darstellung insgesamt drei Zwischentiefs, von denen das mittlere das tiefste Level erreicht. Flankiert wird dieser Punkt durch zwei höherliegende Zwischentiefs. Steigt der Kurs von der rechten Schulter aus nach oben und durchbricht die Nackenlinie, ist dies das Kaufsignal für Trader, um Gewinne einzufahren. Es wird davon ausgegangen, dass der Kurs noch weiter steigt.

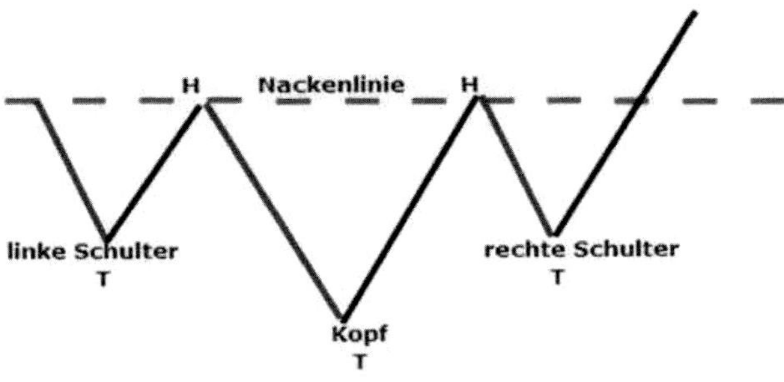

Auswahl von Aktien und ETFs

An den Börsen dieser Welt steht Ihnen eine Vielzahl an Aktien für den Handel zur Verfügung. Sie haben die sprichwörtliche Qual der Wahl. Allein an der größten Börse Deutschlands in Frankfurt am Main können Sie Ihr Kapital in etwa 1.000 inländische und etwa 11.000 ausländische Aktien investieren. Aber wie finden Sie die richtige Aktie, die zu Ihnen passt und den möglichen Einsatz Ihres Kapitals rechtfertigt? Nachfolgend einige Tipps.

Auswahl von Aktien

Informieren Sie sich über die Aktiengesellschaft!

Bevor Sie ihr Kapital einsetzen, informieren Sie sich umfassend über die Kapitalgesellschaft, die Ihr Interesse geweckt hat. Wie in vielen Dingen des Lebens sind ausreichende Informationen mehr als entscheidend für einen späteren Erfolg. Zu den wichtigsten Informationen gehören z. B.:

- Wo hat die Aktiengesellschaft ihren Stamm-Firmensitz?
- Wie baut sich das Geschäftsmodell der Aktiengesellschaft auf?
- Welcher Branche gehört die Aktiengesellschaft an?
- Werden die Aktien der Gesellschaft neu an der Börse gehandelt?
- Plant die Aktiengesellschaft Erweiterungen oder den Einstieg in neue Geschäftsfelder?

Informieren Sie sich auch über die Produkte der Aktiengesellschaft!

- Sind die aktuellen Produkte bzw. Dienstleistungen konkurrenzfähig und, besonders wichtig, auch zukunftsorientiert?
- Plant das Unternehmen kurz- oder langfristig technische Neuerungen der Produkte bzw. Dienstleistungen?

Einen aussagekräftigen Überblick über die Aktiengesellschaft verschaffen Kennzahlen!

- Sind bereits aussagefähige Kennzahlen (Kurswerte) der Aktiengesellschaft veröffentlicht?

Es gibt eine Vielzahl von Kennzahlen, die Sie alle im Internet auf den unterschiedlichsten Portalen von Börsen und Brokern entdecken können. Sie sollten sich aber auf ein paar wenige konzentrieren. Fassen Sie die, für Sie persönlich, interessanten Kennzahlen zusammen und entscheiden Sie dann über eine Investition. Ein „Ja" oder „Nein" fällt Ihnen dann weitaus einfacher.

Im folgenden Kapitel werden Ihnen die gängigsten Kennzahlen vorgestellt und erläutert.

Kennzahlen bei Aktien

Die Reihenfolge der aufgeführten Kennzahlen ist nicht als Ranking zu verstehen. Sämtliche Kennzahlen haben einen Informationswert. Sie müssen lediglich entscheiden, welche Kriterien Sie persönlich favorisieren und für Sie bei der Entscheidung für den Kauf von Aktien hilfreich sind.

Kurs-Gewinn-Verhältnis (KGV) – Aktueller Zeitraum

Hierbei handelt es sich um eine Kennzahl, die es Ihnen ermöglicht, den Preis einer Aktie bzw. eines kompletten Marktes bewerten zu können. Sie können durch das KGV drei Merkmale erkennen:

- Ist eine Aktie unterbewertet? Sie wird dadurch billig gehandelt.
- Ist eine Aktie überbewertet? Sie wird dadurch teuer gehandelt.
- Ist eine Aktie angemessen bewertet? Sie wird am Markt mit einem fairen Preis gehandelt.

Das KGV eignet sich aber nicht zur Entscheidung für eine Investition. Das liegt grundsätzlich daran, dass diese Kennzahl zu einem Stichtag berechnet wird, die Wert- und Gewinnermittlung einer Aktie aber eher in der Zukunft liegt. Daher dient diese Kennzahl lediglich als Information. Sie lässt Rückschlüsse zu, wie hoch die Ertragskraft und die Ertragsentwicklung einer Aktiengesellschaft sind und wie groß der Zeitraum sein wird, den die Aktiengesellschaft benötigt, den Wert ihrer Aktie als Gewinn zu erwirtschaften. Berechnet wird das KGV gemäß folgender Formel:

Aktueller Aktienkurs : aktueller (letzter) Gewinn pro Aktie = KGV

Beispiel der Berechnung:

- Aktueller Aktienkurs = 60,00 Euro
- Gewinn pro Aktie = 5,00 Euro
- KGV = 12

Über einen längeren Zeitraum betrachtet und stets neu berechnet, könnte diese Kennziffer für Sie als Anleger doch noch ausschlaggebend sein, sich für den Kauf oder Verkauf einer Aktie zu entscheiden (siehe nachfolgendes Kapitel 9.2.2).

Wichtig!
Das KGV mit einem Wert kleiner als 12 wird unter Finanzfachleuten als positiv betrachtet!

Kurs-Gewinn-Verhältnis (KGV) – Zeitraum über 5 Jahre

Bei dem 5-Jahres-KGV handelt es sich um eine verfeinerte Variante des aktuellen KGV. Wie die Bezeichnung bereits verrät, wird bei dieser Bewertung einer Aktie ein Zeitraum von fünf Jahren herangezogen. Grundlage des 5-Jahres-Zeitraums bilden die vorliegenden Zahlen der letzten drei Jahre und die zu erwarteten Erträge des aktuellen und des folgenden Jahres.

Berechnet wird das KGV (5 Jahre) gemäß folgender Formel:

Kurs der Aktie : 5-Jahres-Gewinn

Der 5-Jahres-Gewinn wird folgendermaßen berechnet:
Vor 3 Jahren Gewinn + vor 2 Jahren Gewinn + vor 1 Jahr Gewinn + aktuelles Jahr Gewinn + für das nächste Jahr zu erwartender Gewinn : 5

Wichtig!
Auch beim 5-Jahres-KGV gilt ein Wert kleiner als 12 als positiv!

Rentabilität des Eigenkapitals (EK)

Zur Berechnung der Rentabilität eines Unternehmens werden verschiedene Kennzahlen summiert und diese Summe wird als Kennzahl eines Unternehmens ausgewiesen. Das Ergebnis aus dieser Summierung (die Rentabilität) lässt Rückschlüsse zu, wie gut (oder schlecht) ein Unternehmen mit seinem eingesetzten Kapital arbeitet.

Wichtig!

Die Berechnung einer Rentabilität erfolgt durch folgende Formel:

Rentabilität Eigenkapital (in %) = Überschuss des Jahres : Eigenkapital x 100 (in %)

Durch die Rentabilität eines Unternehmens lassen sich zwei Kernaussagen treffen:

1. Je höher die Rentabilität eines Unternehmens ist, desto wirtschaftlicher arbeitet es!

2. Eine hohe Rentabilität schützt vor „schlechten" Wirtschaftsjahren!

Die Rentabilität einer Aktiengesellschaft können Sie den veröffentlichten Jahresbilanzen entnehmen.
Ein Rentabilitätswert von 15 % und mehr wird als positiv betrachtet!

Eigenkapitalquote (in Prozent)

Diese Kennzahl beschreibt ausschließlich den Anteil des eigenen Kapitals im Verhältnis zum gesamten Kapital eines Unternehmens. Ausgewiesen wird dabei eine Quote (in Prozent) für den Anteil des eigenen Kapitals. Das eigene Kapital ist die Summe aus den nachfolgenden Positionen der Unternehmensbilanz:

- Haftkapital (nur für dieses Kapital haften Gesellschafter oder Anteilseigner)
- Unternehmensrücklagen
- Rücklagen aus Gewinnen
- Gewinn- bzw. Verlustvortrag ins Folgejahr
- Überschuss bzw. Fehlbetrag gemäß Bilanz

Bei der Eigenkapitalquote spricht ein hoher Prozentsatz für eine hohe Zahlungsfähigkeit (Bonität) des Unternehmens und für ein geringes Risiko einer drohenden Insolvenz.

Wichtig!

Die Berechnung einer Eigenkapitalquote erfolgt durch folgende Formel:

Eigenkapitalquote (%) = Eigenkapital Unternehmen : Gesamtkapital Unternehmen x 100

Bei der Eigenkapitalquote gilt ein Wert von 25 % und mehr als positiv!
Die Eigenkapitalquote eines Unternehmens können Sie den regelmäßig veröffentlichten Jahresbilanzen entnehmen.

Gewinnmarge

Losgelöst vom Aktienhandel zählt dieser Wert sicherlich zu den wichtigsten und entscheidendsten Kennzahlen eines Unternehmens. Oder einfach beschrieben: Die Gewinnmarge ist entscheidend für den Fortbestand eines Unternehmens. Die Gewinnmarge, auch als EBIT (**E**arnings **B**efore **I**ncome and **T**axes) bezeichnet, wird vor Steuern und Zinsen aus der Differenz von Kosten und Erlösen des Unternehmens ermittelt. Sie zeigt auf, wie profitabel das Unternehmen arbeitet. Eine hohe Gewinnmarge ist nicht nur eine unerschütterliche Wertung für die hohe Produktivität eines Unternehmens, sondern verspricht auch hohe Gewinne im Aktienhandel. Problematisch ist nur, dass Aktien von diesen profitablen Unternehmen überwiegend in festen Händen liegen und nur sehr selten am Markt gehandelt werden.

Wichtig!

Betriebswirtschaftlich errechnet sich die Gewinnmarge eines Unternehmens mit folgender Formel:

Gewinnmarge (in %) = Gewinn (EBIT) : Umsatz x 100 (in %)

Bei der Gewinnmarge gilt ein Wert von 12 % und mehr als positiv!

Die Rentabilität einer Aktiengesellschaft können Sie den veröffentlichten Jahresbilanzen entnehmen.

Kurs-Buch-Verhältnis (KBV)

Dieser Wert errechnet sich dadurch, dass der aktuelle Kurs einer Aktie durch den sogenannten Buchwert einer Aktie geteilt wird. Der Buchwert entspricht dem Eigenkapital, z. B. Geldeinlagen, Immobilien, Maschinen usw., ohne Verbindlichkeiten, z. B. Kredite und sonstige Schulden eines Unternehmens. Einfach ausgedrückt entspricht der Buchwert dem tatsächlichen Wert eines Unternehmens zum Stichtag „X“, wenn es verkauft oder stillgelegt werden würde.

Die Kernaufgabe des KBV liegt darin, eine Unter- bzw. Überbewertung einer Aktie festzustellen. Dafür wird eine Verbindung zwischen dem aktuellen Wert einer Aktie und dem ursprünglich ausgewiesenen Wert einer Aktie beim Einstieg in den Handel hergestellt. Das Ergebnis daraus beschreibt den Wert eines Unternehmens im Falle einer Insolvenz.

Wichtig!

Betriebswirtschaftlich errechnet sich das KBV eines Unternehmens mit folgender Formel:

Kurs-Buch-Verhältnis = Aktienkurs : Eigenkapital je Aktie (in %)

Ein KBV-Wert von weniger als 1,5 % wird als positiv betrachtet!

Das KBV einer Aktiengesellschaft können Sie den veröffentlichten Jahresbilanzen entnehmen.

Veränderung des Aktienkurses zum Marktdurchschnitt (6 Monate)

Bei dieser Kennzahl wird der Trend einer Aktie im Zeitraum von 6 Monaten zugrunde gelegt. Dieser Trend wird mit dem durchschnittlichen Markttrend (Index) verglichen. Im Ergebnis lässt sich erkennen, ob sich die Aktie positiv oder negativ gegenüber dem Marktdurchschnitt entwickelt hat. Eine mögliche Kursveränderung wird über eine prozentuale Kennzahl definiert.

Wichtig!

Betriebswirtschaftlich errechnet sich die Kursveränderung einer Aktie zum Marktdurchschnitt (6 Monate) mit folgender Formel:

Kursveränderung 6 Monate = Kursveränderung Aktie – Kursveränderung Index (in %)

Eine Kursveränderung von mehr als 5 % wird als positiv betrachtet!

Veränderung des Aktienkurses zum Marktdurchschnitt (12 Monate)

Diese Berechnung erfolgt analog zum vorherigen Kapitel. Es wird lediglich der Zeitraum von 6 auf 12 Monate erweitert.

Momentum (6 Monate)

Beim Momentum wird der Trend einer Aktie mit dem Marktdurchschnitt über einen Zeitraum von 6 Monaten betrachtet und mit dem Trend der letzten 12 Monate verglichen. Mit dem Momentum können Aufwärtstrends, die sich in der letzten Zeit „unnormal" beschleunigt bzw. abgebremst haben, erkannt werden. Aus diesen Situationen können z. B. Trendwenden schnell erkannt werden. Aufgrund der Reaktionsfähigkeit des Traders wird für den Einsatz von Momentum eine Zeitachse von 6 Monaten empfohlen.

Dasselbe Verfahren funktioniert selbstverständlich auch für Abwärtstrends.

Momentum (12 Monate)

Diese Berechnung erfolgt analog zum vorherigen **Kapitel 9.2.9**. Die Erweiterung des Zeitraums von 6 auf 12 Monate verrät entsprechend mehr Erkenntnisse, verlangsamt aber eine mögliche Handelsreaktion des Traders.

Quartalszahlen

Hierbei handelt es sich um die einfachste Form einer Kennzahl. Da Aktiengesellschaften regelmäßig pro Quartal einen Geschäftsbericht veröffentlichen (müssen!), reagieren die Börsen „automatisch". Mit Bekanntgabe der Unternehmenszahlen wird die Entwicklung der Aktie mit dem Börsenindex verglichen und prozentual dargestellt. Dabei gilt:

- Ein Anstieg der Aktie um mehr als 1 % gegenüber dem Index am Tag der Veröffentlichung wird als positiv bewertet.
- Ein Abfall der Aktie um mehr als 1 % gegenüber dem Index am Tag der Veröffentlichung wird als negativ bewertet.

Wichtig!

Reaktion und Berechnung der Quartalszahlen am Tag der Veröffentlichung =

Veränderung des Wertes der Aktie – Veränderung des Wertes des Index.

Während die bisher dargestellten Kennzahlen größtenteils aus feststehenden Werten und Trends berechnet werden, handelt es sich bei den folgenden Kennzahlen eher um Möglichkeiten, Einschätzungen und Hoffnungen. Diese Kennzahlen können auf den ersten Blick als „Glücksspiel" bezeichnet werden und scheinen auf den zweiten Blick eher für risikoreiche Anleger geeignet zu sein. Risiko ist bei Aktien immer ein Begleiter der Handelsaktivitäten. Um genau dieses Risiko zu senken, sind Kennzahlen unabdingbar – nicht nur die belegbaren, sondern auch die geschätzten. Schlussendlich entscheiden sie über eine Investition.

Erwartetes Gewinnwachstum (Gewinnschätzung)

Für die Bezeichnung Gewinnwachstum werden zwei Faktoren zugrunde gelegt:

1. Die positive Entwicklung eines Unternehmens.

2. Der Unternehmensgewinn in Prozenten für eine festgelegte Zeitachse im Verhältnis zur gleichlangen vorherigen Zeitachse. Dieser Faktor wird in einem Prozentwert dargestellt.

Das Gewinnwachstum ist ein verlässliches Indiz für den Erfolg eines Unternehmens und für jeden Trader die Überlegung wert, in dieses Unternehmen zu investieren.

Die Kennzahl des Gewinnwachstums lässt zusätzlich Vergleiche mit ähnlich aufgestellten Unternehmen zu.

Wichtig!

Die Berechnung dieser Kennzahl erfolgt mit folgender Formel:

Erwartetes Gewinnwachstum = Gewinneinschätzung Folgejahr – Gewinn aktuelles Jahr : Gewinn aktuelles Jahr (in %)

Ein erwartetes Wachstum von mehr als 5 % wird als positiv betrachtet!

Gewinnwachstum (Veränderung der Gewinnschätzung)

Diese Kennzahl baut auf der Grundlage des erwarteten Gewinnwachstums auf, allerdings wird nur eine aktuelle Schätzung vorgenommen und dieser Wert wird mit dem Kurs der Aktie vor genau 4 Wochen bewertet. Finanzfachleute nutzen diese Kennzahlvariante gerne, um die Plausibilität des Ergebnisses aus dem erwarteten Gewinnwachstum zu vergleichen und ggf. geplante Aktivitäten zu korrigieren bzw. anzupassen.

Wichtig!

Die Berechnung dieser Kennzahl erfolgt mit folgender Formel:

Veränderung der Gewinneinschätzung = Aktuelle Gewinneinschätzung – Gewinneinschätzung vor 4 Wochen : Gewinneinschätzung vor 4 Wochen (in %)

Ein erwartetes Wachstum von mehr als 5 % wird als positiv betrachtet!

Vermutlich werden Sie sich jetzt nach derart vielen Zahlen die Frage stellen: „Welche Aktien soll ich denn nun eigentlich kaufen?" Die Antwort auf diese Frage kann Ihnen keiner abnehmen. Sie allein müssen für sich entscheiden, ob und in welche Aktien (oder ETFs) Sie investieren wollen. Die Kennzahlen der Aktien können Ihnen aber bei Ihrer Entscheidung wertvolle Tipps geben. Schlussendlich sollen sie Ihnen dazu dienen, die Unsicherheit, vielleicht auch die Angst vor einem nicht mehr durchschaubaren Wirrwarr von Zahlen, zu verlieren. Sämtliche Kennzahlen und sämtliche Trends werden Ihnen auch im Internet, entweder auf den Homepages der Broker oder der Finanzinstitute oder auch direkt auf den Portalen der großen Börsen angezeigt. Bei den Börsen ist es mittlerweile sogar eine Pflichtaufgabe, nach jeder Veröffentlichung von Quartalszahlen der Aktiengesellschaften die neuen Kennzahlen zu ermitteln und in einer großen Bandbreite zu veröffentlichen. Sie müssen lediglich die Kennzahlen, die Sie für sich als passend betrachten, auswählen. Neuerdings gibt es auch Portale, die Ihnen Kennzahlen per E-Mail, sogar täglich, zusenden. Dieser Service ist allerdings nicht kostenlos. Wenn Sie den Mut nicht verlieren, in Aktien zu investieren, und Ihnen immer bewusst bleibt, dass der Handel mit Aktien stets mit Risiken verbunden ist, können Ihnen die Kennzahlen bei Ihrer Entscheidung über Kauf oder Verkauf ein großes Hilfsmittel sein.

Neun Tipps für Aktienanleger

Der Handel mit Aktien, Aktienfonds oder aktienbasierten ETFs wird nicht nur in Europa, sondern vor allem in Deutschland immer beliebter. Das Deutsche Aktieninstitut mit Sitz in Frankfurt hat für das Jahr 2021 ermittelt, dass 12,1 Millionen Menschen in Deutschland mit Aktien handeln, davon 49.000 Personen, die als Neueinsteiger betrachtet werden können. Eine weitere Zahl zeigt den Erfolg im Handel mit Aktien. Langfristig angelegte Aktien der im Deutschen Aktienindex (DAX) vertretenen Unternehmen erwirtschaften gemäß Deutschem Aktieninstitut mittlerweile eine durchschnittliche Rendite zwischen 5 und 8 % im Jahr. Es empfiehlt sich aber, für das Erreichen dieses Erfolges grundsätzlich einige Regeln zu beachten. Innerhalb dieses Buches wurde bereits mehrfach darauf hingewiesen. Nachfolgend neun Tipps für ein überlegtes und sicheres Handeln mit Aktien.

Tipp 1: Denken Sie langfristig!

Gehen Sie bei Ihrem Vorhaben, in der Zukunft mit Aktien zu handeln und so Ihre wirtschaftliche Zukunft zu gestalten, nicht von einer kurzfristigen Angelegenheit aus. Ganz im Gegenteil! Eine heutige Investition in Aktien sollte über einen Zeitraum von 10 bis 15 Jahren Bestand haben. So können Sie auch niedrige Kurse, die immer wieder einmal auftreten können, aussitzen und trotzdem langfristig Erfolg haben.

Tipp 2: Bilden Sie Rücklagen!

Wenn Sie von einem längeren Zeitraum für Ihren Aktienhandel ausgehen, sollte auch gewährleistet sein, dass Sie in dieser Zeit finanziell unabhängig von der Investition in Ihre Aktien sind. Das bedeutet im Umkehrschluss, dass Sie in der Lage sein sollten, in diesem Zeitraum nicht auf das Kapital Ihrer Aktien zurückgreifen zu müssen. Daher sollten Sie recht schnell Rücklagen aus Ihrem Aktienhandel bilden. So können Sie finanzielle Probleme besser überstehen. Darunter fallen auch unvorhersehbare Kurseinbrüche. Sie müssen dann nicht panisch Aktien verkaufen, um zu retten, was zu retten ist. In den vorherigen Artikeln wurde immer wieder darauf hingewiesen, dass eine länger andauernde Investition Erfolg bringt. Ganz abgezockte Anleger nutzen Rücklagen sogar dafür, in einer Krise neue, dann günstige Aktien zu erwerben, um ihr Depot aufzufüllen.

Tipp 3: Kaufen Sie nur Aktien, wenn Sie das Geschäft auch verstehen!

Betrachten Sie einmal folgende Ausgangssituation: Sie wollen eine Immobilie kaufen. Bevor Sie einen Kaufvertrag unterschreiben, werden Sie sich sicher über viele Dinge rund um diese Immobilie informieren. Das könnte z. B. Folgendes sein:

- Ist der öffentliche Nahverkehr ausreichend angebunden?
- Wo befinden sich die örtlichen Einkaufsmöglichkeiten?
- Wie ist die medizinische Versorgung?

Ähnlich gilt dies auch für Aktien:

- Sie sollten über solide Kenntnisse des Aktienhandels verfügen!
- Vor einer Investition informieren Sie sich nicht nur gründlich über das Unternehmen, dessen Aktien Sie erwerben wollen, sondern auch über die Branche, in der das Unternehmen tätig ist!
- Prüfen Sie Zahlen, Trends und Einschätzungen zu der Aktie, die Sie erwerben wollen!

Tipp 4: Grübeln Sie nicht über den richtigen Zeitpunkt für Ihre Investition!

Den richtigen Zeitpunkt für den Einstieg in den Aktienhandel oder den Kauf neuer Aktien bzw. den Verkauf vorhandener Aktien gibt es nicht. Viel entscheidender beim Aktienhandel sind Mut, Ausdauer, Geduld und umfangreiche Informationen.

Tipp 5: Vertrauen Sie keinem Fremden!

Sind Sie der Typ, der seine Geldbörse einem Fremden anvertrauen würde? Vermutlich nicht! Leider gibt es eine Vielzahl von Möchtegern-Aktienspezialisten, insbesondere im Internet, die den goldenen Tipp oder sichere Ratschläge haben, um in Aktien zu investieren. Seien Sie hierbei genauso kritisch wie bei Ihrer Geldbörse, denn genau darauf sind diese Spezialisten fixiert. Es gibt niemanden, der vorhersehen kann, wie sich eine Aktie entwickelt.

Tipp 6: Setzen Sie sich Kostengrenzen!

Für den Aktienhandel kommen Sie um ein Wertpapierdepot nicht herum. Das kostet aber Geld! Führen Sie z. B. Ihr Depot bei einer Bank, fallen neben den einzelnen Transaktionskosten auch Gebühren für den Verwaltungsaufwand an. Anders sieht es bei den Online-Brokern aus. Hier fallen teilweise weder Depot- noch Transaktionsgebühren an. Lediglich am Gewinn einer Aktie ist der Broker beteiligt. Es macht folglich Sinn, sich im Vorfeld des Einstiegs in den Aktienhandel genauestens über diese Kosten zu informieren – aber gründlich und gewissenhaft. Beachten Sie hierzu Tipp 5!

Tipp 7: Keinen Aktienhandel mit einem Kredit finanzieren!

Unter den Fachleuten im Aktienhandel gibt es viele Börsenweisheiten. Eine der geläufigsten ist:

„Gier frisst Hirn!“

Das bedeutet: Starten Sie niemals in den Aktienhandel oder in eine Investition, wenn Sie dies nur durch Fremdkapital umsetzen können. Sollten Sie im schlechtesten Fall in einen totalen Verlust dieser mit Fremdkapital gekauften Aktie geraten, ist das schon ganz allein ärgerlich. Noch ärgerlicher wird das Ganze aber dann, wenn Sie monatlich Ihren aufgenommenen Kredit tilgen müssen.

Tipp 8: Begrenzen Sie bereits im Vorfeld Verluste!

Verluste sind im Aktienhandel niemals auszuschließen. Sie gehören eben in ein spekulatives Finanzgeschäft. Sie haben aber die Möglichkeit, Verluste bereits im Vorfeld zu verhindern. Sie können bereits beim Ankauf einer Aktie festlegen, dass diese wieder veräußert wird, sobald ein von Ihnen festgelegter Kurs erreicht wird bzw. im schlechtesten Fall unterschritten wird. In Fachkreisen wird diese Festlegung als *Stop-Loss* bezeichnet.

Tipp 9: Nehmen Sie Gewinne immer mit!

Hierbei handelt es sich um die umgekehrte Variante zu Tipp 8. Sie können ebenfalls im Vorfeld des Kaufes einer Aktie Rahmenbedingungen festlegen, zu denen Aktien hinzugekauft werden. Dies ist insbesondere interessant, wenn Aktien unter einen bestimmten Wert fallen und daher günstiger gekauft werden können. In Fachkreisen wird diese Festlegung als *Start-Buy* bezeichnet.

Auswahl von ETFs

Für die Auswahl eines ETFs gibt es kein allgemeingültiges Auswahlkriterium. Da es eine Vielzahl unterschiedlichster ETFs gibt, ist und kann eine Auswahl immer nur individuell nach Ihren Bedürfnissen erfolgen. Grundsätzlich sollten Sie aber berücksichtigen, dass Sie beim Einstieg in ETFs über Grundlagen des Börsenhandels verfügen sollten und mit den wichtigsten Begriffen rund um den Aktienhandel vertraut sind.

Bevor Sie jetzt die Suche nach einem passenden ETF aufnehmen, sollten Sie aber folgende zwei Fragen für sich beantworten:

1. Wollen Sie einmalig in einen ETF investieren?
In diesem Fall könnten Sie z. B. sämtliche Ausschüttungen regelmäßig auf Ihr Privatkonto überweisen lassen. Der Wert und die Fondsanteile Ihres ETFs bleiben konstant.

2. Wollen Sie regelmäßig in einen ETF investieren?
In diesem Fall könnten Sie z. B. sämtliche Ausschüttungen umgehend wieder in Ihren ETF anlegen lassen. Der Wert Ihres ETFs und die Fondsanteile steigen kontinuierlich.

Kriterien für die Auswahl eines ETFs

Die Kriterien für eine ETF-Auswahl sind sehr umfangreich. Zu den wichtigsten gehören (die Reihenfolge entspricht keiner Wertigkeit):

- Fondsalter
- Fondsvolumen
- Fondswährung
- Replikationsmethode
- Ertragsverwendung
- Anlagestrategie
- Tracking-Differenz
- Kosten
- Steuern

Fondsalter

Auch wenn das Alter eines Fonds auf den ersten Blick als unnötig erscheint, liegt schon eine große Bedeutung darin. Fonds, die schon länger am Aktienmarkt gehandelt werden, sind weitaus höher angesehen als jüngere Fonds. Das liegt vorrangig daran, dass sie langfristig ein größeres Volumen aufgebaut haben und gleichzeitig eine entsprechend höhere Liquidität vorweisen können. Sie bieten aufgrund ihres Alters auch zwangsläufig mehr Daten an, sodass ein Vergleich mit anderen Fonds genauere Erkenntnisse geben und für eine neue Investition hilfreich sein kann. Finanzfachleute gehen davon aus, dass Fonds mit einem Alter von fünf und mehr Jahren diese Kriterien erfüllen.

Aber nicht immer muss ein älterer Fonds wirklich besser sein. Im Gegenteil! Ältere Fonds können auch Hinweise geben, die dazu führen sollten, nicht in diesen Fonds zu investieren. Wenn ein älterer ETF ein geringes Volumen aufweist, ist dies ein eindeutiger Hinweis dafür, dass dieser Fonds bisher bei Anlegern als nicht besonders attraktiv angesehen wurde. Man kann daher auch davon ausgehen, dass sich das Fondsvolumen schlecht bis mäßig entwickelt hat und in der Summe ein niedriges Niveau vorweist.

Fondsvolumen

Das Fondsvolumen gehört mit Abstand zu den wichtigsten Kriterien eines ETFs. Ein hohes Fondsvolumen ist für jeden Anleger von großem Interesse, da dies für eine große Anzahl von Anlegern, einen hohen Umsatz und eine starke Liquidität spricht. Finanzfachleute gehen heutzutage davon aus, dass Fonds mit einem Volumen von etwa 50 Millionen Euro als wirtschaftlich angesehen werden können. Fonds mit einem doppelten Volumen, also etwa 100 Millionen Euro, gelten wirtschaftlich als sichere Finanzanlagen.

Fondswährung

ETFs können durchaus in fremden Währungen gehandelt werden. Welche Währung im Fonds Anwendung findet, hängt von den Wertpapieren ab, die sich im Fonds befinden. Im Regelfall zeigt sich dort eine bunte Mischung der Währungen. Von dieser breiten Fächerung können Sie durchaus profitieren. Steigt z. B. der Wechselkurs einer Währung, steigt auch Ihre Rendite. Umgekehrt kann allerdings das Gleiche geschehen: Sinkt der Wechselkurs einer Währung, sinkt auch Ihre Rendite.

Wenn Sie das Risiko eines Wechselkurses nicht eingehen wollen, können Sie mittlerweile auch auf ETFs zugreifen, bei denen ausländische Währungen im Verhältnis zum Euro abgesichert sind. Natürlich ist dies mit zusätzlichen Kosten verbunden. Diese ETFs sind mit dem besonderen Zusatz „EUR hedged“ gekennzeichnet.

Replikationsmethode

Das Ziel jedes ETFs ist es grundsätzlich, eine möglichst genaue Nachbildung des Index darzustellen. Die Methode, mit der ein Index nachgebildet wird, bezeichnet man als Replikationsmethode. Sie beeinflusst innerhalb eines ETFs besonders ausgeprägt die Bereiche Sicherheit, Entwicklung und Kosten. Um den Index eines ETFs nachzubilden, stehen drei unterschiedliche Verfahren zur Verfügung. Die Wahl eines Verfahrens ist abhängig davon, wie die Aktien im Handel verfügbar und wie teuer sie sind. Bei den drei Verfahren handelt es sich um:

➢ **Die physische Replikation**

Bei dieser Methode handelt es sich um eine komplette Nachbildung eines Index. Der ETF investiert dabei in genau die gleichen Aktien und deren Gewichtung, die in dem Original-Index enthalten sind. Beispiel am Deutschen Leitindex DAX40: Der ETF investiert in sämtliche Aktien, die im DAX 40 enthalten sind, und zwar in Höhe der jeweiligen Gewichtung. Hat z. B. die Aktie „XYZ" im Original-Index eine Gewichtung von 13 %, so bildet die physische Replikation diese ebenfalls mit einer Gewichtung von 13 % ab. Es ist also eine sogenannte „Eins-zu-Eins"-Darstellung. Das macht diese Methode auch für Neueinsteiger im Aktienhandel sehr leicht verständlich.

➢ **Die synthetische Replikation**

Einige Aktien sind mittlerweile nur noch schwer zu händeln. Das liegt größtenteils daran, dass insbesondere Rohstoffe heutzutage Restriktionen unterliegen (Beispiel: Öl und Gas durch die Sanktionen gegenüber Russland) und Unternehmen dadurch nicht mehr uneingeschränkt ihren Verpflichtungen nachkommen können. Trotzdem zeigen Anleger für diese Produkte Interesse. Es wird also etwas schwieriger, einen Index nachzubilden. Um dieses Problem zu lösen, greift man auf ein Tauschgeschäft, den sogenannten *Swap*, zurück.

Beispiel:
Der Tauschpartner besitzt die gewünschten Handelswerte, während sich im ETF ein sogenanntes Trägerportfolio (die Gruppe der Investoren) befindet. Der ETF überträgt für die Nachbildung eines Index dem Tauschpartner die Rendite der Investorengruppe und erhält im Gegenzug die Rendite der gewünschten Handelswerte. Im Ergebnis lässt sich daraus ein Index abbilden.

➢ **Das Sampling**

Beim Sampling handelt es sich um eine vereinfachte Form der physischen Replikation. Hierbei wird für die Nachbildung eines Index nur eine Stichprobe (englisch = sample) aus den aussagekräftigsten Aktien herangezogen. Als aussagekräftig gelten die Wertpapiere, die innerhalb des Index die höchsten Gewichtungen haben. Aktien mit einer geringen Gewichtung werden ausgenommen. Auch aus dieser Methode lässt sich ein neuer Index abbilden.

Ertragsverwendung

Ein weiteres Kriterium für die Auswahl eines ETFs ist die Verwendung von Erträgen. ETFs werden in zwei Kategorien unterteilt:

➢ Die thesaurierenden ETFs

Thesaurierende ETFs zahlen keine Gewinne aus, sondern investieren mit diesem Geld sofort in neue Aktien. Durch diesen frischen Kapitalzufluss erhöht sich der Wert des ETFs.

➢ Die ausschüttenden ETFs

Ausschüttende ETFs bilden das genaue Gegenteil zum thesaurierenden ETF. Sie zahlen sämtliche Gewinne umgehend an die Anleger aus. Der Wert des ETFs erhöht sich dadurch nicht.

Kosten:

Für eine Übersicht zu den Kosten schauen Sie sich Kapitel 3.1.4 noch einmal genauer an.

Anlagestrategie

Die Anlagestrategie sollte langfristig ausgerichtet sein, da nur dadurch ergiebige Renditen zu erzielen sind. Allerdings ist die Anlagestrategie auch ein individuelles Kriterium. Es macht wenig Sinn, wenn Sie weniger risikobereit sind, in einen ETF zu investieren, der hochspekulativ agiert. Anlagestrategien sollten über Kriterien verfügen, die einerseits auf den Erfolg des Fonds ausgerichtet sind, andererseits aber auch persönliche Wünsche und Neigungen berücksichtigen. Solide aufgestellte Strategien berücksichtigen z. B.:

➢ Zukünftige finanzielle Ziele
➢ Aktuelle Lebenssituation
➢ Aktuelle Vermögenssituation
➢ Persönliche Risikobereitschaft

Sie sollten also Ihre Auswahl eines ETFs ausgiebig prüfen, da Sie sich selbst in der ETF-Strategie wiederfinden müssen.

Tracking-Differenz

Hiermit wird der Rendite-Unterschied zwischen Index und Fonds dargestellt. Theoretisch sollte es keinen Unterschied geben, da es sich eigentlich um die Höhe der laufenden Kosten des Fonds handeln sollte. Praktisch liegt dieser Wert allerdings etwas höher oder niedriger. Das kann ohne Weiteres nachvollziehbare Gründe haben. Die drei wichtigsten sind dabei:

➢ Ein höherer Liquiditätsbestand nach der Ausschüttung von Gewinnen
➢ Unterschiedliche Berechnung von Steuern beim Index und beim Fondsvermögen
➢ Eine zeitliche Differenz zum Index, falls Aktien im Fonds ausgetauscht werden

Steuern

Für eine Übersicht zu den Steuern schauen Sie sich **Kapitel 5** noch einmal genauer an.

Drei Schritte zum passenden ETF

Mittlerweile gibt es mehr als 2.000 ETFs. Darunter den passenden zu finden, wird vermutlich nicht leicht sein. Alle 2.000 im Detail zu prüfen, ist unmöglich. Um Ihnen die Suche etwas zu erleichtern, nachfolgend drei Schritte, deren Reihenfolge Sie einhalten sollten, um nicht den Überblick zu verlieren. Gespickt sind diese Einzelschritte mit einigen Tricks bzw. Tipps, damit Ihnen schlussendlich die Qual der Wahl etwas leichter fallen wird.

Schritt 1: Eingrenzung des Anlagefokus

➢ Überlegen Sie zuerst einmal in Ruhe, was Sie eigentlich in Ihrem ETF anlegen wollen. Legen Sie Ihren Schwerpunkt fest und bestimmen Sie Ihren Anlagefokus. Dies ist sicherlich nicht einfach, denn wie bereits zu Anfang des Buches beschrieben, gibt es die unterschiedlichsten Möglichkeiten einer Investition und dadurch stellt sich eine Vielzahl von Fragen:

➢ Wollen Sie z. B. in Aktien, in Rohstoffe, in Immobilien, in Anleihen investieren?
➢ Wollen Sie gestreut investieren? In diesem Fall sollten Sie aber beachten, zusätzlich die Gewichtung der Aktien innerhalb der Streuung festzulegen.
➢ Wollen Sie ausschließlich in nachhaltig produzierende Unternehmen investieren?
➢ Wollen Sie ausschließlich innerhalb einer Branche investieren?

Das sind alles wichtige Überlegungen. Die Eingrenzung Ihres Anlagefokus ist damit aber noch nicht abgeschlossen. Sie müssen noch über weitere Kriterien nachdenken, um Ihren Anlagefokus noch weiter zu konkretisieren. Weiter geht es jetzt mit folgendem fiktivem Beispiel:

Die erste Entscheidung ist gefallen. Sie wollen ausschließlich in Rohstoffaktien investieren. Nun sollten Sie aber noch drei weitere Kriterien für Ihre Investition festlegen:

- In welchen Aktienmarkt (z. B. weltweit) soll investiert werden?
- In welcher Region (z. B. EU) befindet sich der Aktienmarkt?
- In welchem Land (z. B. Deutschland) befindet sich der Aktienmarkt?

TIPP!

Wenn Ihnen diese Schritte zu umfangreich und kompliziert sind, können Sie recht einfach in einen sogenannten „Welt-ETF" investieren. Davon gibt es mittlerweile eine große Anzahl. Der Vorteil liegt darin, dass die Aktien von Unternehmen aus der ganzen Welt in einem ETF gebündelt sind. Dadurch können Sie die Vorteile eines weltweiten Marktes nutzen und gleichzeitig weltweit investieren. Diese Streuung ist nahezu optimal, da sie kaum Risiken in sich birgt.

Zu den bekanntesten „Welt-ETFs" zählt der MSCI World, der aus über 1.600 Aktien aus 23 Ländern der Welt aufgestellt ist. Der MSCI World deckt in jedem der 23 Länder mehr als 85 % des Aktienmarktes ab.

Schritt 2: Den passenden Index auswählen

Die Definition des Anlagefokus ist lediglich der erste Schritt zum passenden ETF. Jetzt sollten Sie den passenden Index für Ihre Investitionen auswählen. Das ist zwar nicht so kompliziert wie beim Anlagefokus, sollte aber trotzdem mit entsprechender Sorgfalt umgesetzt werden. Denken Sie immer daran: Es ist Ihr Kapital! Die Auswahl geeigneter Indizes ist groß. Es macht daher Sinn, entweder mit professioneller Beratung oder durch intensive Vergleiche im Internet den passenden Index herauszufiltern.

TIPP!

Anbieter, die Sie bei der Suche im Internet nach dem passenden Index unterstützen, gibt es eine Vielzahl. Nutzen Sie aber grundsätzlich Vergleichsmöglichkeiten und betrachten Sie wertfrei vorliegende Rankings. So wird Ihr Einstieg in Ihren zukünftigen ETF um ein Vielfaches einfacher und risikoärmer.

Schritt 3: Den passenden ETF auswählen

Vergleichen Sie nun den im Schritt 2 ausgewählten Index mit dem von Ihnen in Schritt 1 ausgewählten ETF. Beachten Sie nochmals die Kriterien aus dem Kapitel 9.4.1 und starten Sie in Ihren Aktienhandel.

Anlagestrategien

Jede Investition in Wertpapiere bedarf immer einer wohlüberlegten Strategie. Finanzfachleute sprechen hierbei von der Anlagestrategie, alternativ von der Börsen- bzw. Investmentstrategie. Eine gut angelegte Anlagestrategie ist der Schlüssel für Ihren Erfolg.

So weit, so gut!

Doch wie definiert sich eine Anlagestrategie und was soll sie im Detail erreichen?

In der Finanzwelt versteht man unter einer Anlagestrategie einen Plan, der durch ein wohl durchdachtes Vorgehen das Ziel verfolgt, Gewinne zu generieren und gleichzeitig Verluste zu vermeiden. Dieser Plan steuert u. a. Ihre Entscheidungen, Ihre Investitionen, Ihre Ziele und Ihre Risikobereitschaft.

Anlagestrategien gibt es in den unterschiedlichsten Varianten. Nachfolgend eine kleine Auswahl mit Erklärungen.

Auswahl der gängigsten Anlagestrategien

Anlagestrategien gibt es in den unterschiedlichsten Varianten. Nachfolgend finden Sie daher eine kleine Auswahl inklusive der nötigen Erklärungen.

Dividendenstrategie

Bei dem Einsatz der Dividendenstrategie suchen Sie sich gezielt Aktien aus, von denen Sie sich aufgrund bereits vorliegender Zahlen bzw. Trends eine hohe, regelmäßige Ausschüttung (Dividende) versprechen. Allerdings sagt die Höhe einer ausgezahlten Dividende noch nichts über die Güte der Aktie aus.

Beispiel:
1,00 Euro als Dividende ist für eine Aktie mit einem Wert von 10,00 Euro eine hohe Dividende von 10 %.

Dagegen stellt 1,00 Euro als Dividende für eine Aktie mit einem Wert von 1.000 Euro eine niedrige Dividende von gerade einmal 0,1 % dar.

Um diese Diskrepanz auszugleichen, wird die Höhe der Dividende durch eine einfache Rechenformel in eine Kennzahl, die Dividendenrendite, umgewandelt. Die Formel dieser Umrechnung lautet:

Dividendenhöhe / Aktienkurs x 100 = Dividendenrendite (in %)

Je höher der Prozentwert ausfällt, desto interessanter wird die Aktie für Anleger.

Allerdings ist bei Nutzung dieser rechnerischen Formel auch Vorsicht geboten, insbesondere bei einem Ergebnis, das um bzw. höher als 10 % liegt. Diese Kennzahl kann dadurch zustande gekommen sein, dass der Kurs der Aktie kurz nach der Dividendenausschüttung stark gefallen ist. Die Rechenformel würde dadurch zwangsläufig eine hohe Kennzahl ausweisen.

Growth-Strategie

Bei dieser Strategie wird das Augenmerk nicht auf die Dividende einer Aktie gerichtet, sondern mehr auf das Wachstum einer Aktiengesellschaft. Deshalb sind für diese Strategie besonders Aktiengesellschaften von Interesse, die noch jung am Markt sind, dynamisch wachsen, sich aber bereits am Markt etabliert haben. Die Aktien junger Unternehmen versprechen in der Regel hohe Gewinne.

Genau betrachtet agieren Anleger, die Growth als Strategie favorisieren, eher spekulativ, da sie ohne vorliegende Zahlen bereits von Beginn an von einem starken Wachstum, einem erfolgreichen Umsatz und daraus resultierend von einem hohen Gewinn des jungen Unternehmens ausgehen. Allein diese Ausgangssituation führt dazu, dass der Aktienkurs dieser Unternehmen im Regelfall enorm steigt. Aktien derartiger Unternehmen werden in Finanzkreisen auch als sogenannte Wachstumsaktien bezeichnet. Die angewandte Handelsstrategie wird als Wachstumsstrategie bzw. als Growth Investing bezeichnet. Diese Handelsstrategie lockt eine Vielzahl von Investoren an, obwohl Growth-Investing eher nicht als Strategie bezeichnet werden kann. . Allerhöchstens könnte die Fokussierung auf den Kauf von Aktien (Growth-Aktien) junger Unternehmen als Strategie bezeichnet werden. Wie bereits erwähnt, versprechen sie aber in der Regel schnelle und hohe Gewinne.

Eine dieser Methoden ist das Growth Investing bzw. die Wachstumsstrategie. Investoren legen ihren Fokus hierbei stärker auf die Wachstumsaussichten ganzer Branchen und suchen gezielt nach Unternehmen mit frühzeitig erkennbarem Wachstumspotenzial. Dieses Wachstumspotenzial soll Anlegern zugutekommen und ihr angelegtes Kapital vermehren. Die Aktien, die im Rahmen solcher Anlagestrategien gekauft werden, nennt man Wachstumsaktien oder Growth Aktien. In diesem Ratgeber erfahren Sie, wann sich die Investition in Wachstumsaktien lohnt und mit welchen Risiken Sie rechnen müssen.

Beachtet werden muss allerdings auch die negative Seite von Aktien dieser jungen Aktiengesellschaften. Gerade zu Beginn einer Börsenpräsenz sind diese Aktien großen Risiken ausgesetzt. Das bedeutet im Umkehrschluss, dass eine Growth-Strategie auch Verluste generieren könnte.

Wie können Sie nun aber als interessierter Anleger Growth-Aktien auf dem Aktienmarkt finden? Eine gute, aber auch schwer zu beantwortende Frage. Sie können aber auf zwei durchaus gängige Verfahren zurückgreifen:

- Bottom-Up-Analyse
- Top-Down-Analyse

Bottom-Up-Analyse

Bottom-Up ist eine Anlagestrategie, die ursprünglich aus dem Bereich des Marketings stammt. Mit dieser Analyse können Sie Ihre geplante Investition von unten nach oben (Bottom-Up) analysieren und darauf basierend Ihre Entscheidungen treffen. Sie starten bei der Bottom-Up-Analyse als Erstes (von unten) mit Informationen über das Unternehmen. Dazu gehören einerseits faktische, andererseits emotionale Informationen. Zu den faktischen Informationen gehören sämtliche Statistikdaten, z. B. Kursentwicklung, bisherige Renditezahlen, Geschäftsberichte usw. Zu den emotionalen Informationen zählen z. B. vorhandene Stellungnahmen, Kommentare, Feedbacks anderer Anleger, regelmäßig veröffentlichte Börsennachrichten oder Stellungnahmen anderer Anleger im Internet.

Als Zweites beschäftigen Sie sich mit dem Oben, besser gesagt: Sie betrachten die Gesamtsituation am Markt. Hierbei bilden Statistiken, Kursentwicklungen usw. den Schwerpunkt.

Gründlich aufgearbeitet, können Sie aus den Ergebnissen beider Faktoren Rückschlüsse ziehen, die Ihre Entscheidung über den Kauf oder Verkauf von Aktien unterstützen kann.

Top-Down-Analyse

Bei dieser Anlagestrategie handelt es sich um das genaue Gegenteil zur Bottom-Up-Analyse. Hier wird als erster Schritt der Gesamtmarkt (TOP) analysiert, bevor Sie sich mit den Zahlen auf Unternehmensebene (Down) beschäftigen.

Wenn Sie die Bottom-Up-Analyse oder die Top-Down-Analyse einsetzen, lässt sich sehr schnell erkennen, ob sich Ihre Analyse eher nach der Entwicklung der Wirtschaft (Top-Down) oder eher nach der Entwicklung einer Aktie (Bottom-Up) richtet.

Die Auswahl beider Analyseformen bedarf schon einer gewissen Erfahrung im Aktienhandel. Insbesondere das richtige Lesen der Unternehmenszahlen benötigt schon vorhandene Kenntnisse. Sollten Sie als Neuling im Aktienhandel hier noch Lernbedarf haben, gleichzeitig aber in den Aktienhandel einsteigen wollen, bietet sich immer die Top-Down-Analyse an.

Kennzahlen für eine Growth-Strategie

Die passende Aktie für Ihre Investition zu finden, ist nicht leicht. Darauf wurde in diesem Buch bereits mehrfach hingewiesen. Doch meistens gibt es ausreichend Hilfsmittel, die Sie bei der Suche unterstützen. So ist es auch bei der Suche nach Aktien, bei denen Sie eine der beiden Growth-Analyseformen anwenden wollen. Folgende entscheidende Kriterien können Ihnen dabei helfen, die passende Aktie für Sie zu finden und gleichzeitig das Risiko einer Investition beurteilen zu können.

- Der erzielte Umsatz eines Unternehmens sollte über einen Zeitraum von drei Jahren eine Steigerung von +20 % gegenüber dem jeweiligen Vorjahr aufweisen.
- Der Umsatz des letzten Geschäftsjahres sollte dabei bei mehr als +100 Millionen Euro liegen.
- Der Wert sämtlicher Anteile eines Unternehmens sollte am Markt mehr als 300 Millionen Euro betragen.

Vor- und Nachteile der Growth-Strategie

Wie jede geplante Strategie gibt es auch bei der Growth-Strategie nicht nur Vorteile, sondern auch einige Nachteile. Ausschlaggebend für den Erfolg der Growth-Strategie ist, wie bereits in den vorherigen Kapiteln beschrieben, die genaue und präzise Analyse der Aktie. Je gründlicher diese Analyse erfolgt, desto geringer fallen mögliche Nachteile ins Gewicht.

Vorteile:

- Eine große Wahrscheinlichkeit auf hohe Kursgewinne
- Kann als zeitlich begrenzte Alternative zu Langzeitstrategien genutzt werden
- Eine Strategie, die bei einer umfassenden Analyse hohe Gewinne in kurzer Zeit erzielen kann

Nachteile:

- Es ist eine riskante Strategie, da davon ausgegangen wird, dass frisch an der Börse gehandelte Aktien hohe Gewinne versprechen. Kurse können sich aber bekannterweise auch ins Gegenteil entwickeln und hohe Verluste erleiden. Bei der Growth-Strategie ist immer eine ständige Beobachtung der Kurse und ggf. eine schnelle Reaktion nötig.
- Jedes Risiko beim Aktienhandel lässt sich durch eine Streuung über mehrere Aktien zum hohen Anteil verhindern. Das bedeutet aber im Umkehrschluss ebenso, dass die Streuung auch hohe Gewinne verhindern kann. Die Beobachtung und die Reaktionen auf negative Entwicklungen sind um ein Vielfaches höher als im normalen Aktienhandel.
- Im schlechtesten Fall, insbesondere bei unzureichender Beobachtung der Kurse, drohen durch verspätete Reaktionen sehr hohe Verluste.

- Niedrige Zinsen in der allgemeinen Finanzwelt sorgen im Regelfall an den Börsen für hohe Erträge. Das verführt sehr schnell dazu, dass steigende Zinsen aus dem Auge verloren werden und zu spät darauf reagiert wird.

Value-Strategie

Diese Strategie zielt ausschließlich auf Aktien von Unternehmen ab, die am Markt etabliert sind, hohe Renditen ausschütten und eine stabile Kursentwicklung aufzeichnen, aber deren Aktien weit unter ihrem Wert an den Börsen gehandelt werden. Ziel ist es, durch unterschiedliche Kennzahlen den realen Wert eines Unternehmens inkl. seiner Aktie zu berechnen. Fällt dieser Wert nach der Berechnung höher aus als der aktuelle Kurs der Aktie, handelt es sich um den klassischen Hinweis für eine Investition!

Quality-Investment

Wie die Bezeichnung schon ausdrückt, wird bei Anwendung dieser Strategie das Augenmerk insbesondere auf eine hohe Qualität des Unternehmens gelegt. Angewandt wird eine sogenannte *Fundamentalanalyse*, die sich vorrangig mit betriebswirtschaftlichen Zahlen einer Aktiengesellschaft beschäftigt. Dabei ist es allerdings jedem Investor überlassen, wie weit er diese Analyse auslegt. Betriebswirtschaftliche Zahlen können beim Quality-Investment von jedem Investor individuell berücksichtigt, andere verfügbaren Zahlen grundsätzlich hinzugefügt werden. Zu den aussagekräftigsten Zahlen gehören z. B.:

- Das Kurs-Gewinn-Verhältnis
- Der erzielte Gewinn, mindestens der letzten drei Jahre
- Die aktuelle Bilanzsumme
- Die aktuelle Eigenkapitalrendite

Aber auch allgemeine Informationen können bei dieser Strategieform einfließen, z. B.:

- Ist das Geschäftsmodell zukunftsorientiert?
- Sind Visionen der Unternehmensleitung plausibel und umsetzbar?
- Wie stellt sich das Umfeld des Marktes dar?

Stock-Picking

Für diese Strategie gibt es keine grundsätzlich geltenden Definitionen. Stock-Picking lässt sich problemlos in allen möglichen Strategieformen einsetzen, sofern folgende drei Analysen zwingend durchgeführt werden:

1. Analyse der Kennzahlen eines Unternehmens
2. Analyse des zukünftigen Bedarfs an den Produkten des Unternehmens
3. Analyse des gesamten Aktienmarktes

Mit diesen Analysen lassen sich nicht nur qualitativ sehr hochwertige Aktien ermitteln, sondern auch Aktien, die sich stärker entwickeln als der gesamte Aktienmarkt und eine überdurchschnittliche Rendite erwarten lassen.

Strategieformen, bei denen Stock-Picking problemlos angewendet werden kann, sind z. B.:

- Growth-Strategie **(Kapitel 10.1.2)**
- Value-Strategie **(Kapitel 10.1.3)**
- Quality-Investment **(Kapitel 10.1.4)**

Wichtig!

Aufgrund der Fokussierung von Stock-Picking auf einzelne, hochwertige Aktien sollte man mit dieser Strategie auf keinen Fall in Indexfonds (ETFs) investieren.

Buy-and-Hold-Strategie

Hierbei handelt es sich um die einfachste, aber auch langfristigste Strategie. Die Einfachheit liegt darin, in einzelne Aktien, möglichst weit gestreut, zu investieren und diese sehr lange im Besitz zu behalten. Das Ziel dieser Strategie liegt darin, dass durch das langfristige Halten diese Aktien an Wert gewinnen. Unter „sehr lange" versteht man für den kleinsten Zeitraum mindestens 5 Jahre, für den längsten Zeitraum 20 Jahre und mehr. Investoren, die über die Buy-and-Hold-Strategie Aktien halten, akzeptieren bei ihrem Investment auch einige bekannte Risiken, z. B.

- das Auftreten von kurz-, aber auch langfristigen Schwankungen des Aktienkurses,
- einen Abschwung der globalen Wirtschaft,
- aufkommende Rezessionen.

Die Grundeinstellung bei Investoren, die eine Buy-and-Hold-Strategie verfolgen, lässt sich am besten mit folgender These beschreiben.

„Es ist immer besser, Aktien langfristig zu halten, um auch langfristig Gewinne einzustreichen!"

Index-Strategie

Bei der Index-Strategie setzen Anleger und Anlegerinnen nicht auf einzelne Aktien, sondern auf einen kompletten Aktienindex. Das können zum Beispiel der DAX, Dow Jones, MSCI World usw. sein. Anleger investieren dabei in ETFs und nutzen über die Index-Strategie die Vorteile, die ETFs eben bieten **(siehe Kapitel 3.1.5)**.

Antizyklische Investition

Hierbei handelt es sich um eine Strategie, bei der Anleger gegen eine bestehende Marktsituation investieren. Sie kaufen Aktien, wenn andere gerade verkaufen bzw. umgekehrt. Dieses antizyklische Verhalten sollte nicht von Neueinsteigern im Aktienhandel praktiziert werden, sondern eher von Fachleuten mit entsprechender Börsenkenntnis. Es gehört schon Mut dazu, Verluste verkraften zu können und gleichzeitig auf Gewinne zu spekulieren.

Bei einer antizyklischen Investition wird vorausgesetzt, dass jede gehandelte Aktie eines Unternehmens nicht dem tatsächlichen Wert des Unternehmens entspricht. Das sind im Börsenhandel eigentlich Signale, auf die eine Kurswende der Aktie einsetzt. Gerade in den letzten Jahren stiegen unterbewertete Aktien weitaus stärker an als andere Wertpapiere.

Long-Short-Strategie

Der Einsatz einer Long-Short-Strategie (Steigende-Fallende-Strategie) sollte nur von erfahreneren Anlegern angewandt werden, die auf jeden Fall über eine sehr hohe Risikobereitschaft verfügen. Bei dieser Strategieform kann nicht grundsätzlich davon ausgegangen werden, dass sich Kursentwicklungen immer positiv gestalten. Auch negative Kursentwicklungen sind möglich! Auf beide Ereignisse muss aber entsprechend reagiert werden.

Um bei dieser Strategieform trotzdem von einer hohen Sicherheit ausgehen zu können, nutzen erfahrene Anleger ein sogenanntes Long-Short-Portfolio. Hierbei steht die Bezeichnung „Long" für Aktien, die aufgrund ihrer positiven Kursentwicklung länger gehalten werden. Das genaue Gegenteil beschreibt dagegen die Bezeichnung „Short". Hierbei handelt es sich um Aktien, deren Kurs sich negativ entwickelt und die folglich kürzer gehalten werden sollten.

Doch genau bei diesen Entscheidungen kommt die Risikobereitschaft des Anlegers zum Tragen. Niemand kann gewährleisten, vorausgesetzt, alle Rahmenbedingungen eines Unternehmens sind stimmig, dass sich ein Abwärtstrend oder ein Aufwärtstrend dauerhaft fortsetzt. Ohne diese Risikobereitschaft würde ein Anleger die Short-Aktie schnellstmöglich verkaufen, die Long-Aktie dagegen behalten. Die Risikobereitschaft zeigt sich aber genau in der gegenteiligen Reaktion. Die Short-Aktie wird gehalten, mindestens bis zu einem Fixtermin, den sich der Anleger vorgibt, in der Hoffnung, dass der Aktienkurs wieder steigt und in die Gewinnzone zurückkehrt. Ganz mutige Anleger kaufen in dieser Situation sogar Aktien dazu. Die Long-Aktien bleiben ohne Maßnahme im Portfolio.

Diese vorgestellten Strategieformen sind nur ein kleiner Anteil aus einem großen Paket weiterer Strategiemöglichkeiten. Im Grunde kann sich jeder Anleger nach eigenem Gusto seine Strategie entwickeln und umsetzen. Er muss lediglich Eckpunkte, Ziele und Vorgehensweise für seine Strategie festlegen und dann diese auch beim Handel mit Aktien strikt einhalten.

Es gibt allerdings eine Variante, die nicht so richtig in dieses vorgestellte Paket der Strategien hineinpasst – schon allein deshalb, weil der Schwerpunkt nicht auf einer Strategie beruht, sondern lediglich auf Schnelligkeit und Beobachtungsgabe während des täglichen Handels, dem sogenannten Daytrading, basiert.

Daytrading

Daytrading bedeutet übersetzt nichts anderes als >täglicher Handel< bzw. >Tageshandel<. Dabei werden innerhalb eines Tages, manchmal sogar in weitaus kürzeren Zeiträumen (Stunden, Minuten oder Sekunden), Börsengeschäfte von Finanzwerten eröffnet und, möglichst mit Gewinn, wieder beendet. Der Anleger, der innerhalb dieser kurzen Zeitabstände mit Finanzwerten handelt, wird als Daytrader bezeichnet.

Dieser kurzzeitige Handel erklärt den entscheidenden Unterschied zum „normalen" Börsenhandel, bei dem über eine längerfristige Anlage ein höherer Gewinn erzielt werden soll.

Branchen und Sektoren

Die Unternehmen der weltweiten Industrie werden allgemein in unterschiedliche Branchen gegliedert. Wirtschaftliche Schwierigkeiten lassen sich so lokal bzw. global branchenspezifisch beurteilen, um gezielt Maßnahmen für eine Stabilisierung der Branche einzuleiten.

Ähnlich verhält es sich am Aktienmarkt. Auch hier gibt es eine Gliederung, sogar noch etwas feiner als in der Wirtschaft. Am Aktienmarkt unterscheidet man zwischen Branchen und verfeinert von Sektoren.

Erklärung und Unterscheidung der Begriffe:
Die gesamte Gruppe von Unternehmen der Finanzwirtschaft wird allgemein als **Branche** bezeichnet. Unternehmen einer Branche beschäftigen sich alle mit dem gesamten und vor allem gleichen Spektrum der Finanzgeschäfte.

Innerhalb dieser Branche gibt es allerdings Unternehmen, die sich von der Gesamtheit etwas unterscheiden. Sie agieren nicht im gesamten Spektrum der Finanzwirtschaft, sondern lediglich in einigen Teilbereichen der Finanzwirtschaft. Innerhalb dieses Teilbereiches unterscheiden sie sich allerdings nicht. Diese Unternehmen werden als **Sektoren** bezeichnet.

Beispiel:
Haus- oder Onlinebanken beschäftigen sich mit allen Bereichen der Geldwirtschaft, z. B. private Kontoführung, Kreditvergabe jeglicher Art, Sparverträge, Aktienhandel usw.
Pfandbriefbanken oder Bausparkassen dagegen sind nur in eindeutig spezifizierten Teilbereichen der Finanzwirtschaft tätig, unterscheiden sich also klar von den Haus- oder Onlinebanken.

Warum ist diese Gliederung sinnvoll und wichtig und wie kann man sie am Aktienmarkt erkennen?
Sinnvoll = Die Gliederung in Branchen und Sektoren gibt den Anbietern von Börsen-Statistiken die Möglichkeit, ihre Statistiken sehr fein darzustellen.
Wichtig = Die Entwicklung einzelner Bereiche bzw. Sektoren lässt sich genauer darstellen und dies liefert sehr genaue Infos für den Aktienhandel.
Erkennen = Die Aktien einzelner Bereiche bzw. Sektoren werden als sogenannte „reine Indizes" geführt. Das bedeutet: Je feiner ein Index aufgestellt ist, desto feiner können Sie als Anleger reagieren, z. B. im Vergleich zur Entwicklung einzelner Unternehmen.

Klassifizierung von Branchen & Sektoren

Um die Gliederung in Branchen und Sektoren noch weiter zu vereinfachen, erfolgte durch die beiden Finanzdienstleister ICB und GICS eine noch feinere Gliederung.

Erklärung:

ICB = Industry Classification Benchmark wurde im Jahr 2005 im Aktienhandel eingeführt. Entscheidend eingebunden war u. a. der Dow-Jones-Index mit seinem Haupt-Handelsplatz an der Wall Street in New York.

GICS = Global Industry Classification Standard wurde im Jahr 1999 im Aktienhandel eingeführt. Entscheidend eingebunden war u. a. die Ratingagentur S & P (Standard & Poor's).

Die Klassifizierung bei ICB erfolgt folgendermaßen:

- 11 Industrien (Branchen)
- 20 Supersektoren
- 45 Sektoren
- 173 Teilsektoren

Die Klassifizierung bei GICS erfolgt folgendermaßen:

- 11 Sektoren
- 24 Industriegruppen
- 69 Industrien (Branchen)
- 158 Teilindustrien

Beide Klassifizierungen sehen auf den ersten Blick etwas verwirrend aus, da keine Übereinstimmung erkennbar ist. Genau das ist aber der Vorteil. Die Erkenntnisse aus beiden Klassifizierungen sind aussagefähiger, da sie umfangreicher aufgestellt sind.

Um hier etwas übersichtlicher zu werden, wurden von beiden Finanzdienstleistern zweistellige Codes eingeführt, z. B. bei den Branchen. Im Folgenden als Beispiel die Branchencodierung der 11 Industrien (Branchen) von ICB.

Branchen-Code	Oberbegriff	Beteiligte Unternehmen (u. a.)
10	Technologie	SAP, Meta, Apple, Google
15	Telekommunikation	AT&T, Deutsche Telekom
20	Gesundheitswesen	Biontech
30	Banken	Deutsche Bank, Bank of America
35	Verbrauchsgüter	VW, Toyota, Daimler
40	Immobilien	Deutsche Wohnen
45	Basiskonsumgüter	Colgate, Unilever
55	Grundstoffe	Gold, Silber, Platin
50	Industrie	General Electric, Siemens
60	Energie	Exxon Mobile, Shell, BP
65	Versorgungsunternehmen	America Water Works, E.ON

Risiko- und Money-Management

Die Welt des Aktienhandels ist heutzutage um ein Vielfaches einfacher als vor 20 oder 30 Jahren. Durch das World Wide Web, das Internet, können Sie mit wenigen Klicks und in wenigen Sekunden Aktien an jedem Börsenplatz der Welt kaufen bzw. verkaufen und Ihr persönliches Depot auf dem aktuellen Stand halten. Dafür haben Sie die Qual der Wahl zwischen unzähligen Instrumenten, Kursabgleichen, Trendcharts oder Handelsstrategien. Eine Vielzahl davon wurde Ihnen in diesem Buch erläutert. Doch eins ist seit frühesten Handelstagen immer geblieben: Das persönliche Risiko vor Verlusten beim Handel mit Wertpapieren!

Subjektiv betrachtet war das persönliche Risiko früher etwas geringer einzuschätzen – waren doch überwiegend nur Finanzinstitute im größeren Stil beim Aktienhandel aktiv. Den Privatpersonen war dieser Handel noch viel zu fern und damit auch das Risiko. Das sieht heutzutage ganz anders aus. Der Anteil der Privatpersonen, die sich in der Finanzwelt tummeln, ist weitaus größer geworden. Mittlerweile gibt es Finanzfachleute, die den privaten Anteil im Aktienhandel bei mehr als 75 % sehen. Damit ist zwar auch das Risiko entsprechend gestiegen, doch wird es leider immer noch, wie vor 20–30 Jahren, unterschätzt.

Was können Sie aber dafür tun, um dieses Risiko zu vermeiden, mindestens zu minimieren? Die Lösung ist eine gut durchdachte Planung beim Einsatz Ihres Geldes und die Vermeidung von Verlusten im Aktiengeschäft. Der Weg zu Ihrem Handelserfolg ist das Risiko- und Money-Management. Wie Sie dieses Werkzeug optimal nutzen können, erfahren Sie in den nächsten Kapiteln.

Unterschied Risiko- und Money-Management

Risiko- und Money-Management werden in der Regel immer miteinander gemischt, obwohl es zwei grundsätzlich unterschiedliche Methoden sind.

Risiko-Management (Strategisches Risiko)

Zuerst einmal ist das Risiko-Management weitaus umfangreicher als das Money-Management. Neben der Auswahl der „richtigen" Aktie ist eine regelmäßige, möglichst sehr genaue Kontrolle in kleinen Zeitabständen nötig. Mit diesem Satz sind bereits die zwei größten Risikofelder beim Aktienhandel genannt, die es zu vermeiden gilt:

- **Die „richtige" Aktie finden!**

Es ist das erste zwingende „Muss" im Vorfeld eines Aktienkaufes, sehr gründlich mit den verfügbaren technischen Hilfsmitteln (Kursentwicklung, Trend usw.) abzuwägen, ob der Ankauf einer Aktie perspektivisch mit Erfolg gekrönt ist.

- **Die stetige Kontrolle der Aktie!**

Es ist das zweite zwingende „Muss", den Kurs, den Trend der Aktie, ständig zu beobachten, damit Sie rechtzeitig auf negative Einflüsse bzw. Kursläufe reagieren können. Hierbei zählt, vielleicht etwas übertrieben, jede Minute. Bei der Geschwindigkeit, die das Internet heute bietet, können Sie mit genau derselben Geschwindigkeit schnell Geld verlieren.

Es gibt aber noch weitere Risikofelder, die Sie einerseits beachten sollten, andererseits aber auch schon passende Lösungsansätze dafür haben.

Wie wollen Sie z. B. reagieren, wenn unerwartet ein Abwärtstrend entsteht, der keinen Halt findet? Wollen Sie in dieser Situation einen Teil Ihrer Aktien verkaufen, um den Verlust möglichst gering zu halten?

Wie wollen Sie z. B. auf Zinserhöhungen durch Zentralbanken oder auf negative Konjunkturdaten der Wirtschaft reagieren? Dies sind nur zwei von weitaus mehr Risiken, die eintreten können.

Kurz gesagt:
Machen Sie sich beim Kauf einer Aktie die Mühe eines intensiven Checks und legen Sie sich Gegenmaßnahmen bei einer negativen Entwicklung zurecht.

Spätestens beim Thema Finanzen kommt die zweite, die empfindlichste Methode zum Tragen: Das Money-Management. Spätestens hier hört allerdings bei einigen Anlegern die Risikobereitschaft auf. Das muss aber nicht sein!

Money-Management

Mit dem Money-Management verfolgen Sie ein grundsätzliches Ziel: **Den optimalen Einsatz von Kapital für jeden Trade!**

Ein optimaler Kapitaleinsatz zahlt sich immer aus. Doch was können Sie erreichen? Eine Steigerung im Ertrag der Aktie. Das kann z. B. darin begründet sein:

- Wie groß soll die Positionsgröße der Aktie ausfallen?
- Wie hoch setzen Sie Ihr einzusetzendes Kapital an?

Gerade bei diesen Fragen könnte ein Zeitfaktor zum Tragen kommen. Wollen Sie z. B. bei einem längerfristigen Engagement lediglich einmalig einen festen Betrag oder regelmäßig einen prozentualen Betrag vom Gesamtkapital investieren?

- Wie hoch gewichten Sie generell ein mögliches Risiko?

Zusammengefasst sollten Sie mit dem Money-Management den Einsatz Ihres Kapitals einem möglichen Verlust oder Gewinn anpassen und im Gleichgewicht halten. Damit ist Money-Management das Gegenteil zum Thema Diversifikation. Näheres hierzu im folgenden Kapitel.

Diversifikation

Auf den ersten Blick erscheint dieser Ausdruck recht kompliziert – ist er aber nicht! Diversifikation bedeutet übersetzt nichts anderes als Streuung und dadurch die Minimierung eines Risikos. In den Handel mit Aktien übersetzt bedeutet dies:

Investieren Sie Ihr Kapital nicht in ein einzelnes, sondern in unterschiedliche Wertpapiere. Das ist der natürlichste Weg, Ihr Risiko beim Handel mit Aktien zu minimieren und gleichzeitig keinen Totalverlust zu erleiden.

Aktiendepot eröffnen/verwalten

Der Begriff „Aktiendepot" bzw. „Depot" ist genau betrachtet etwas irreführend. Schließlich werden in einem Aktiendepot nicht nur Aktien, sondern jegliche Arten von Wertpapieren verwaltet. Dazu gehören z. B.

- Aktien
- ETFs
- CFDs
- Anleihen
- Derivate
- Fondsanteile

usw.

Mittlerweile werden aber beide Begriffe angewendet.

Depot eröffnen

Während in früheren Zeiten Wertpapiere in physischer Form, z. B. in der klassischen, gedruckten DIN A4 Form, bei dem Eigentümer m Tresor aufbewahrt wurden, werden heute Wertpapiere in digitaler Form bei einem Finanzinstitut verwaltet. Durch den digitalen Zugriff können Sie bequem von zuhause aus, Wertpapiere kaufen bzw. verkaufen.

Vielleicht fragen Sie sich jetzt, ob das der einzige Grund ist, um ein Wertpapier-Depot zu eröffnen, für das nebenbei auch noch Gebühren bezahlt werden müssen?

1. Nicht allen Anlegern sind die Feinheiten beim Traden geläufig. Insbesondere ein „Gelegenheitstrader" ist mit den Regularien des Börsenhandels hoffnungslos überfordert.

2. Daher haben sämtliche Börsen der Welt den Handel dahingehend reguliert, dass nur ausgebildete und lizenzierte Personen/Finanzunternehmen zum Traden an einer Börse berechtigt sind.

Das bedeutet, dass Sie verpflichtet sind, jeden Handelsauftrag entweder über einen Online-Broker oder ein Finanzunternehmen abzuwickeln. Genau dafür benötigen Sie aber ein Depot, das ähnlich wie Ihr Girokonto mit Zu- und Abgängen funktioniert. Der Unterschied liegt allein darin, dass bei Ihrem Girokonto ausschließlich Geldbeträge verbucht werden, bei Ihrem Depotkonto Stückzahlen und Geldbeträge. Die Eröffnung eines Depots, sowohl bei einem Broker als auch bei einer Bank, unterscheidet sich nicht von der Eröffnung eines Girokontos. Benötigt werden Ihre persönlichen Daten. Dazu gehören:

Name, Adresse, Girokonto und Arbeitgeber:

1. Sie wollen Ihr Depot bei Ihrer Hausbank eröffnen. Handelsaufträge wollen Sie ebenfalls über Ihre Hausbank abwickeln. Vereinbaren Sie mit einem lizenzierten Mitarbeiter Ihrer Bank einen Termin. Hierbei erfolgt vor Ort eine sogenannte **Identitätsbestätigung.** Das bedeutet: Ihr Ausweis wird mit den bereits vorhandenen Daten bei der Bank verglichen. Das Depot steht Ihnen danach sofort zur Verfügung.
2. Sie wollen Ihr Depot bei einer Online-Bank oder einem Online-Broker eröffnen. Handelsaufträge wollen Sie ebenfalls darüber abwickeln. In diesem Fall erfolgt durch die Online-Bank bzw. den Online-Broker eine sogenannte online bzw. postalische **Identitätsfeststellung.** Das könnte dazu führen, dass die Eröffnung eines Depots etwas mehr Zeit in Anspruch nimmt.

Folgende Varianten können dabei zum Einsatz kommen:

➢ **Online-Identitätsfeststellung** = Übermittlung Ihres Ausweises und Nachweis zum Finanzunternehmen per PDF.

➢ **Video-Identitätsfeststellung:** Übermittlung Ihres Ausweises und Nachweis zum Finanzunternehmen über Videokamera.

➢ **Postalische Identitätsfeststellung** = Zugesendetes Formblatt mit Ihren Ausweisdaten ausfüllen, bei der nächsten Postfiliale kontrollieren lassen (Postident), Nachweis zum Arbeitgeber hinzufügen und alles zusammen an Ihre Online-Bank bzw. Ihren Online-Broker zurücksenden.

3. Zwingend notwendig ist ein Girokonto, über das zukünftig sämtliche Ein- und Auszahlungen abgewickelt werden können.

Hinweis!
Die persönliche Identifikation ist in Deutschland gemäß Geldwäschegesetz verpflichtend, um einen Abgleich mit den Steuerbehörden zu gewährleisten. Deshalb ist die Eröffnung eines anonymen Depots bzw. anonymen Kontos in Deutschland gesetzlich verboten.

Das Mindestalter für die Eröffnung eines Depots bzw. Girokontos beträgt 18 Jahre.

Startkapital

Bevor Sie mit dem Traden starten können, müssen Sie Ihr Depot mit einem finanziellen Startkapital ausstatten. Dieses Startkapital können Sie allerdings nicht selbst bestimmen. Die Höhe des Startkapitals wird von Ihrem Online-Broker bzw. Ihrer Bank vorgegeben. Insbesondere bei Online-Brokern kann die Summe unterschiedlich ausfallen. Es lohnt sich also vor dem Start in das Trading ein Vergleich!

Online-Broker oder Bank?

Wollen Sie Ihr Trading über eine Bank oder über einen Online-Broker abwickeln? Eine wichtige Frage, die wohlüberlegt sein sollte. Um dauerhaft traden zu können, sollte der richtige Begleiter an Ihrer Seite sein. Doch wo liegt der Unterschied zwischen einem Online-Broker und einer Bank? Beschreiben und dadurch auch unterscheiden kann man beide Varianten in die Begriffe Anonymität bzw. Vertrauen.

Online-Broker bieten Ihre Dienste, Ihre Angebote, ausschließlich online an. Das bedeutet, ein persönlicher direkter Kontakt ist ausgeschlossen. Online-Broker unterhalten keine örtlichen Filialen. Somit ist eine individuelle Beratung ausgeschlossen. Es ist und bleibt anonym!
Vorteil: Bei Online-Brokern sind die anfallenden Gebühren für den Handel sehr niedrig.

Banken dagegen bieten ein weitreichendes Netz von Filialen an und überzeugen mit der Möglichkeit einer persönlichen Beratung.
Nachteil: Anfallende Gebühren für den Handel fallen sehr hoch aus!

Produktkatalog benennen

Auf dem Finanzmarkt wird mittlerweile eine Vielzahl von Produkten angeboten. Auch wenn eine Streuung von Wertpapieren sicherer ist als die Bündelung auf ein Wertpapier, sollten Sie folgenden Fehler unbedingt vermeiden.

Gerade zu Beginn Ihrer Handelstätigkeit sollten Sie innerhalb einer Produktklasse, auch als Asset bezeichnet, traden. Das bedeutet: Wollen Sie in Technologie-Aktien investieren, erwerben Sie Aktien von Unternehmen aus diesem Wirtschaftszweig, dadurch erreichen Sie automatisch eine Streuung Ihres Aktienbestandes. Der gesamte Wirtschaftszweig Technologie wird mit Sicherheit wertmäßig nicht komplett abstürzen.

Auch der Zeitfaktor spielt zu Beginn Ihrer Aktivitäten eine große Rolle. Wollen Sie kurzfristig oder eher langfristig traden? Kurzfristig sollten Sie Ihr Augenmerk ausschließlich auf Aktien richten, die innerhalb einer kurzen Zeitachse Gewinne ausweisen. Aber Vorsicht: Schnelles Steigen kann auch zu einem schnellen Sinken führen. Sie müssen beim kurzfristigen Traden den Kurs dieser Aktien immer in kurzfristigen Zeitabständen (alle 3 bis 6 Stunden) beobachten oder mit Stop-Loss-Order arbeiten (siehe Kapitel 15.1).

Auswahl Handelsplätze

Selbstverständlich stehen Ihnen alle Börsen in der Welt für Ihr Traden zur Verfügung. Bedenken Sie aber, dass entsprechende Zeitunterschiede bei den Öffnungszeiten und damit Handelszeiten vorhanden sind. Gerade als Neuling beim Traden kann dies zu erheblichen Problemen, ggf. auch zu Verlusten, führen. Konzentrieren Sie sich daher auf Regionen, die auch unterschiedliche Handelsplätze vorweisen können, ohne Zeitunterschiede. Allein in der Bundesrepublik stehen Ihnen sechs Börsenstandorte zur Verfügung:

Einzelstandorte:

- Frankfurt am Main

Die Börse in Frankfurt am Main gehört zu den zehn größten Börsenstandorten der Welt!

- Stuttgart
- Berlin
- München
- Düsseldorf
- Leipzig

Zusammenschluss:

- Hamburg / Hannover

Die zehn umsatzstärksten Börsen auf der Welt sind:

Standort	Land	Handelsvolumen in Billionen US-Dollar
Frankfurt	Deutschland	2,57
Mumbai	Indien	3
Toronto	Kanada	3,16
London	Großbritannien	3,7
Shenzhen	China	5,76
Tokyo	Japan	6,7
Hongkong	China	6,8
Shanghai	China	7,6
New York (Nasdaq)*	USA	22,1
New York (Wall Street)	USA	24,9

* reine Technologie-Börse Stand: 01.2023

HANDELSKOSTEN

Siehe hierzu die Kapitel 2.2.5 und 3.1.4.

Tipp:
Ihre Aktivitäten am Börsenmarkt müssen nicht ausschließlich auf ein Depot konzentriert sein. Sie können mehrere Depots, auch bei unterschiedlichen Banken oder Brokern, eröffnen.

Psychologie des Investierens

Vermutlich haben Sie die Ausdrücke Psyche bzw. Psychologie schon unzählige Male gehört, sich aber nie mit folgender Frage beschäftigt:

Was ist eigentlich Psyche bzw. Psychologie?

Während der Körper eines Menschen aus organischem Material besteht und dadurch greifbar ist, bezeichnen Wissenschaftler die Psyche als eine von vier Materien, die sich außerhalb des menschlichen Körpers befinden und organisch nicht greifbar sind. Neben der Psyche gehören zu den organisch nicht greifbaren Materien die Seele, der Geist und das Bewusstsein eines Menschen. Die nicht greifbaren Materien agieren miteinander und steuern so Ihr Bewusstsein bzw. Ihr Handeln. Einfacher ausgedrückt: Sie steuern Ihr Innenleben – für jeden Menschen individuell!

Vermutlich sind auch Sie schon einmal in der Situation gewesen, eine Entscheidung zu treffen, von der Sie nicht 100-prozentig überzeugt waren. Dann kommt schnell die Aussage: „Mein Inneres sagt aber eigentlich etwas ganz anderes!" Doch warum entscheiden Sie dann anders? Ganz einfach: Sie vertrauen Ihrem Bewusstsein, Ihrem Innenleben, nicht und handeln fremdgesteuert dagegen.

*Beim Handel mit Aktien ist das ein **großer** Fehler!*

Die Psyche ist ein entscheidender Faktor für Ihren Erfolg beim Traden. Wenn Sie auf Ihr Bewusstsein hören und dabei Ihre Emotionen ausschalten, werden Sie beim Handel mit Aktien Erfolg haben. Das garantiert zwar nicht das Ausbleiben von Rückschlägen, allerdings können auch Rückschläge, psychisch richtig verarbeitet, wieder schnell zu Erfolgen führen.

Doch was sind das für Emotionen, mit denen Sie beim Traden konfrontiert werden? Welche treffen häufig und welche weniger häufig auf? Und, wie bereits erwähnt, schaffen Sie es, Ihre Emotionen unter Kontrolle zu halten und auf Ihr Inneres zu hören?

Leider unterschätzen viele Trader diese Kraft von Emotionen. Euphorie entwickelt sich besonders schnell bei Gewinnen, verführt aber zu einer Sorglosigkeit, die schnell in Gier umschwenken kann. Gier ist allerdings der schlechteste Partner für wirtschaftlichen Erfolg.

Neben Gier können auch Hochmut, fehlendes Selbstvertrauen, Angst und Euphorie zu Misserfolgen beitragen.

Gier

Das ursächliche Verlangen nach „mehr" ist eigentlich nicht zu bemängeln, solange es dazu führt, dass Sie kontrolliert neue Ziele erreichen wollen. Schlägt Ihr Verlangen aber in Gier um, verlieren Sie nicht nur die Kontrolle, sondern den Überblick für das Ganze.

Ein praktisches Beispiel für Gier:
Trade 1: Sie haben eine Aktie im Blick, zu der Sie keine weiteren Informationen eingeholt haben, die mit einem günstigen Wert gehandelt wird und einen kontinuierlich aufsteigenden Kurs anzeigt. Bis auf das Thema Information spricht nichts gegen einen Trade. Emotional (psychisch) gesteuert kaufen Sie 1 Aktie zum Preis von 20,00 Euro. Am Tagesende hat sich der Wert auf 23,00 Euro erhöht.

Sie genießen den Erfolg!

Trade 2: Von diesem Erfolg begeistert, kaufen Sie am Folgetag 3 zusätzliche Aktien zum Preis von 23,00 Euro pro Stück. Mit der Aktie vom 1. Trade füllt sich Ihr Depot auf 4 Aktien mit einem Gesamtwert von 92,00 Euro. Sie gehen davon aus, dass auch an diesem Handelstag Ihre Aktien einen Gewinn erzielen. Tatsächlich steigt der Kurs auf 26,00 Euro.

Sie genießen den Erfolg! Aber Sie schalten Ihr Bewusstsein angesichts des Erfolges aus. Sie wollen mehr und werden jetzt mutig (übermutig?)!

Trade 3: Mit dem erwähnten Mut greifen Sie zum Start des nächsten Tages tief in Ihren Geldbeutel. Sie investieren in 10 neue Aktien mit einem Gesamtpreis von 260,00 Euro. Die Aktie wird schon Gewinn erzielen. Zum Ende des Handelstages erleben Sie allerdings eine böse Überraschung. Der Kurs der Aktie fällt auf 18,00 Euro.

Ihr Verlangen nach mehr ist in Gier übergegangen.

Sie haben jegliche Gründlichkeit, Sorgfalt und das Einholen von Informationen außer Acht gelassen. Nur den möglichen Ertrag hatten Sie im Blickfeld.

Das Ergebnis ist Verlust!

Zur Verdeutlichung noch einmal in tabellarischer Form:

Trade	Investition (€)	Wert Depot zu Beginn des Handelstages (€)	Aktualisierter Wert der Aktie		Wert Depot zum Ende des Handelstages (€)
1	1 x 20,00	20,00	23,00		23,00
2	3 x 23,00	3 x 23,00 Neu 1 x 23,00 Alt Summe: 92,00	26,00		104,00
3	10 x 26,00	10 x 26,00 Neu 3 x 23,00 Alt 1 x 23,00 Alt Summe: 364,00	18,00		252,00

Investiert haben Sie bei 3 Trades 349,00 Euro, erwirtschaftet haben Sie am Ende des dritten Handelstages lediglich 252,00 Euro. Das entspricht einem Minus von 97,00 Euro. Warum dieses schlechte Ergebnis? Nur durch Gier haben Sie im Vorfeld dieses Trades die Gründlichkeit, Sorgfalt und das Einholen von Informationen außer Acht gelassen.

Lernen Sie daher, Ihre aufkommende Gier unter Kontrolle zu halten. Gier gehört zu den gefährlichsten Fehlern beim Traden!

Hochmut

Sicherlich ist Ihnen der folgende Spruch bekannt: „Hochmut kommt vor dem Fall!" In diesem Spruch steckt eine Menge Wahrheit. Der Erfolg beim Traden fällt Ihnen in den Schoß, alles läuft reibungslos, nichts kann Sie aufhalten. Eine trügerische Situation, da Sie Ihre Selbsteinschätzung nicht mehr im Griff haben (= Hochmut). Was aber ist, wenn urplötzlich ein unerwartetes Ereignis eintritt, das Ihren Erfolgskurs schlagartig beendet? Es wird Ihnen schwerfallen, umgehend mit den richtigen Maßnahmen gegenzusteuern. Sie waren schließlich noch nie in dieser Situation! Plötzlich verlassen Sie die Erfolgsspur.

Verändern Sie daher Ihren Hochmut in Selbstvertrauen. Akzeptieren Sie die Tatsache, dass Ihnen Fehler unterlaufen können, stehen Sie dazu und lernen Sie daraus. Nutzen Sie die technischen Hilfsmittel (Charts, Trendanalyse usw.) und überwachen Sie Ihre Kursverläufe regelmäßig. Tauschen Sie sich ggf. mit anderen Tradern aus, hören Sie sich deren Meinungen und Tipps an und testen Sie diese aus. Sie werden sehr schnell Erfahrungen sammeln, Erfolge haben, sodass alle Trades erfolgreich verlaufen.

Selbstvertrauen / Hoffnung / Angst

Hierbei handelt es sich um Emotionen, die sehr nahe beieinanderliegen und sich wechselweise in eine positive bzw. negative Ausrichtung entwickeln können. Sie haben die Hoffnung, dass sich alle Erkenntnisse, die Sie im Vorfeld eines Trades gewonnen haben, bewahrheiten und zu einem Erfolg führen werden. Sie haben aber gleichzeitig Angst davor, dass, wenn nicht alles nach Plan verläuft, der Trade zu einem Misserfolg führen wird. Angst überkommt einen aber nicht nur in einem einzelnen Trade. Vielmehr entwickelt sich die Angst bereits mit dem Beginn Ihrer Trading-Aktivitäten. Immerhin spekulieren Sie mit Ihrem Geld!

Angst ist aber relativ einfach zu beherrschen. Erstellen Sie im Vorfeld einen Trading-Plan, in dem Sie genau vermerken, was, wie und wann Sie handeln wollen. Besonders wichtig:

Wie wollen Sie auf Probleme reagieren?

Mit diesem Trading-Plan erstellen Sie Ihren persönlichen Leitfaden für Ihr Trading, der dann zum „Gesetz" wird, an das Sie sich immer strikt halten werden. Weichen Sie nicht von diesem „Gesetz" ab! Schnell werden Sie merken, dass positive Begleiterscheinungen genauso professionell wie negative von Ihnen abgearbeitet werden.

Das ist der Schritt, zukünftig nicht mehr mit Hoffnung und Angst zu traden, sondern vielmehr mit einem ausgeprägten Selbstvertrauen.

Euphorie / Frust

Auch hierbei ist der Auslöser eines euphorischen Verhaltens stets die positive Entwicklung eines Kurses / eines Trends. Aber gerade jetzt ist Vorsicht geboten! Bleiben Sie ruhig, sachlich, überprüfen Sie erneut Ihren persönlichen Leitfaden und stellen Sie sich folgende drei Fragen:

- Ist Ihr ursprüngliches Ziel erreicht?
- Ist der aktuelle Kurs der, mit dem Sie den Trade beenden wollten?
- Ist der Kurs in den letzten Zeiteinheiten exorbitant gestiegen?

Auf alle drei Fragen mit einem „Ja" zu antworten, sollte bei Ihnen einen Alarm wecken. Beenden Sie diesen Trade! Die Wahrscheinlichkeit, dass ein Kurseinbruch kurz bevorsteht, ist sehr groß. So könnte sich Ihre Euphorie schnell in Frust verändern. Zu beidem sollte sich ein erfolgreicher Trader nicht verleiten lassen.

Gewinne / Verluste und der Umgang damit

Selbstverständlich werden Sie sich bei jedem Gewinn, auch wenn er nur gering ausfällt, freuen. Das sollten Sie genießen! Genauso werden Sie sich aber bei jedem Verlust ärgern. Daraus sollten Sie lernen! Beides gehört zum Trading dazu. Trotzdem sollten diese emotionalen Situationen nicht dazu führen, dass Sie mit überzogenem Risiko oder mit übertriebener Vorsicht in den nächsten Trade starten. Jeden Gewinn und jeden Verlust sollten Sie genauestens hinterfragen, z. B.:

- Waren Ihre Entscheidungen während des Trades richtig?
- Hat Ihre Trading-Strategie funktioniert?

Die Ergebnisse dieser Fragen sollen, besser gesagt müssen, Ihre Basis für alle zukünftigen Trades sein. Niemals wird ein weiterer Trade Erfolg haben, wenn Sie der Meinung sind: Das war einmal erfolgreich, das wird auch ein weiteres Mal erfolgreich sein. Das gilt selbstverständlich auch für Misserfolge. Der Handel mit Aktien ist bei weitem kein Selbstläufer. Wenn Sie diesen Hinweis nicht ernst nehmen, wird es mit ziemlicher Sicherheit das Ende Ihres Tradings sein.

Gönnen Sie sich bei Erfolgen etwas Gutes und machen Sie nach Misserfolgen eine kurze, schöpferische Pause. Neu gesammelte Energien sind die Grundlage für den nächsten Trade.

Fortgeschrittene Strategien

Fortgeschrittene Strategien sollten nur von erfahrenen Tradern umgesetzt werden. Der Handel ist grundlegend anders aufgebaut, als Sie es bisher bei Aktien bzw. ETFs lesen konnten, und benötigt neben der Erfahrung eine Immunität gegen Risiken. Zu den bekanntesten fortgeschrittenen Produkten gehören z. B.:

- Stop-Loss-Order
- Das Short-Selling
- Optionshandel
- Derivate

Stop-Loss-Order

Zu den wichtigsten Maßnahmen beim Aktienhandel zählt die Eigenschaft, auf Schwankungen des Aktienkurses schnell und gezielt zu reagieren, insbesondere auf sinkende Kurse. Sinkende Kurse können Verluste auslösen. Stop-Loss-Order ist eine spezielle Verkaufsorder, mit der Verluste schon im Vorfeld einer negativen Kursentwicklung verhindert werden können. Mit Stop-Loss-Order erteilen Sie Ihrem Broker / Ihrem Finanzinstitut einen Verkaufsauftrag, die sogenannte Market-Order. Sollte die Aktie eine von Ihnen vorgegebene Marke, die sogenannte Kursuntergrenze, erreichen bzw. unterschreiten, muss die Aktie umgehend verkauft werden. Durch diesen Automatismus können Sie Verluste verhindern und bereits erhaltene Gewinne absichern.

Eine Stop-Loss-Order können Sie mehrmals in Auftrag geben. Ausgeführt wird immer die letzte Order.

Vor- und Nachteile von Stop-Loss

Vorteile:

- Ihr Depot muss nicht unbedingt täglich überprüft werden!
- Hohe Verluste bei Kurseinbrüchen lassen sich überwiegend verhindern!
- Durch den automatischen Verkauf können Sie kleinere Gewinne trotz Kursschwäche einfahren.

Die Stop-Loss-Order sollte nicht zu nahe am aktuellen Kurs-Höchststand gesetzt werden, da so die Gefahr besteht, dass an umsatzschwachen Tagen, bei niedrigem Kurswert, Aktien verkauft werden, obwohl sie am Folgetag wieder mit Gewinn ansteigen. Der Wert dieser verkauften Aktien gilt als Verlust.

Nachteile:

➢ Normale Schwankungen beim Kurs einer Aktie können mit Stop-Loss nicht berücksichtigt werden.

➢ Die Market-Order sollte nicht zu tief gesetzt werden.

Die Stop-Loss-Order sollte nicht zu tief zum Hochstand des aktuellen Kurses gesetzt werden. Kurzfristige Abstürze der Aktie würden sofort einen Verkauf auslösen, obwohl der Kurs am selben Tag wieder ansteigt. Auch der Wert dieser verkauften Aktien gilt als Verlust.

DERIVATE

Der Begriff Derivate ist ein Sammelbegriff für mehrere Finanzinstrumente, bei dem zwei Parteien einen Vertrag eingehen, der nach Ablauf eines vereinbarten Termins eingelöst werden muss. Die bekanntesten Derivate sind:

➢ Optionen

➢ Futures

Diese werden nachfolgend genauer erläutert.

Option

Dieser Begriff lässt sich am besten mit folgendem Beispiel erklären.

Beispiel: (Die beteiligten Vertragsparteien werden der Einfachheit halber mit „A" und „B" bezeichnet)

Ausgangssituation: „A" ist davon überzeugt, dass sich der Erdölkurs zum Ende des Jahres erheblich verbessert. „B" dagegen sieht es vollkommen anders und geht eher von einem Absinken des Kurses aus.

Trotz unterschiedlicher Meinung schließen beide Parteien jetzt folgenden Vertrag:

„A" kauft von „B" das Recht, zum 01.01. des nächsten Jahres ein Erdöl-Aktienpaket im Wert von 10.000,00 Euro für einen Mehrwert von 11.000,00 Euro zu kaufen. Für diese vertragliche Vereinbarung erhält „B" von „A" zusätzlich eine angemessene Vertragsprämie in Höhe von 500,00 Euro.

Der 01.01. des Jahres ist erreicht und das Aktienpaket hat mittlerweile einen Wert von 14.000,00 Euro.

„A" zieht nun seine Vertragsoption und kauft das Aktienpaket für die vereinbarte Kaufsumme von 11.000,00 Euro und streicht bei dieser Ausgangslage eine Steigerung des Kurswertes von 3.000,00 Euro ein (Kauf = 14.000 Euro Kurswert neu – 11.000 Euro Kurswert alt = 3.000 Euro Steigerung). Diese 3.000 Euro reduzieren sich aber noch durch den bei Vertragsabschluss geleisteten Mehrwert von 1.000,00 Euro und die Prämie von 500,00 Euro. Es bleibt trotzdem ein Reingewinn von 1.500,00 Euro.

Aber auch „B" ist bei diesem Geschäft nicht leer ausgegangen. Er kann zwar nicht auf die Steigerung des Aktienkurses zurückgreifen, hat aber mit Vertragsabschluss zusätzlich zum Nettopreis noch 1.500.00 Euro (1.000,00 EUR Mehrpreis Verkauf + 500,00 Euro Prämie) erhalten.

Dieses Beispiel zeigt eine klassische Win-win-Situation. Das kann aber auch anders laufen. Würde der aktuelle Kurs bei 9.000 Euro liegen, wäre zum Fälligkeitstag des Vertrages für „A" ein Verlust von 2.500,00 Euro (11.000,00 Euro Kaufpreis + 500,00 Euro Prämie) zu beklagen.

Wenn „A" seine Kaufoption in diesem Fall ziehen würde!

„A" ist nicht verpflichtet, zum fälligen Zeitpunkt seine Kaufoption zu ziehen. Er kann sie auch verfallen lassen. In diesem Fall wird zwar der ursprüngliche Vertrag annulliert, aber es erfolgt keine Rückzahlung bereits geleisteter Zahlungen. In diesem Fall wäre „B" der Nutznießer des Vertrages. Bei 9.000,00 Euro Kurswert aktuell bleibt zwar ein Minus gegenüber dem Kurswert von 10.000,00 Euro zu Anfang, „B" hatte aber einen Verkaufspreis von 11.000,00 Euro, der den aktuellen Verlust rechnerisch ausgleicht, und 500,00 Euro Prämie.

Die Prämie kann „B" als Gewinn betrachten!

Futures

Futures funktionieren ähnlich wie Optionen, allerdings mit einem entscheidenden Unterschied. Der Käufer („A") verpflichtet sich verbindlich, das vereinbarte Kaufgeschäft zu erfüllen, ganz gleich, wie der aktuelle Kurswert ausfällt.

Workbook - eine Einführung

EINLEITUNG (11 SCHRITTE ZUM ERFOLG)

Auf den vorherigen Seiten haben Sie eine Menge an Informationen erhalten, u. a. über:

➢ die unterschiedlichen Arten von Wertpapieren
➢ die Grundlagen der Wertpapiere
➢ die Bedeutung von Kennzahlen
➢ die unterschiedlichen Analysemöglichkeiten
➢ die Analysestrategien

und vieles, vieles mehr.

Selbstverständlich könnten Sie sich jetzt hinsetzen und sämtliche Informationen in ständiger Wiederholung einpauken. Doch dadurch werden Sie nicht zu einem erfolgreichen Trader! Dafür ist noch ein weitaus längerer Weg nötig.

➢ Sie stehen erst am Anfang dieses Weges, auf dem Sie Höhen und Tiefen erleben werden. Mit beiden müssen Sie lernen, umzugehen – nicht zu euphorisch, aber auch nicht zu pessimistisch.
➢ Sie werden sowohl positive als auch negative Erfahrungen sammeln. Auch damit müssen Sie zielführend umgehen!

Wenn Sie dies verinnerlichen, steht Ihnen nichts mehr im Weg. **Sie werden ein erfolgreicher Trader!**

Damit dieser Weg von Erfolg gekrönt wird, sind in diesem Workbook noch einmal einige wichtige Schritte als Anleitungen, teilweise mit Übungen, aufgeführt. Sie sollen Sie auf dem Weg zum erfolgreichen Trader begleiten. Gehen Sie deshalb ohne Abweichungen Schritt für Schritt voran, auch wenn Ihnen der eine oder andere Schritt unwichtig erscheint. **Dieses Workbook ist der rote Faden für Ihren Erfolg!**

Zwei Aspekte sollten Sie allerdings immer beachten.

1. Aspekt
Der Erfolgsweg beim Traden basiert immer auf einem ausreichenden Grundwissen über andere Wertanlagen und den Umgang damit. Sollten Sie sich noch unsicher fühlen, nehmen Sie keine Handelsschritte vor, sondern lesen Sie dieses Buch nochmals gründlich durch. Die bereits erwähnte Tiefe in Form eines Kapitalverlustes könnte Sie sonst schneller erreichen als gewünscht. Fühlen Sie sich absolut sicher, handeln Sie aber trotzdem immer bedacht!

2. Aspekt
Der Aktienhandel basiert grundsätzlich auf Theorie bzw. Praxis. Theorie kann man erlernen, z. B. aus diesem Buch. Praxis dagegen muss man erleben und verstehen. Das Entscheidende dabei ist, beides in einer Art Symbiose übereinanderzulegen und daraus Rückschlüsse für Ihr Traden zu ziehen.

Von beidem werden Sie bei Ihren Aktivitäten im Aktienhandel stets begleitet werden. Sie müssen dabei ständig und vor allem kurzfristig in der Lage sein, zwischen Ihrem theoretischen Wissen und Ihrer praktischen Erfahrung hin und her zu wechseln. **Die Symbiose aus Theorie und Praxis ist beim Traden der Weg zum Erfolg!** Die folgenden 11 Schritte werden Sie auf Ihrem Weg zum erfolgreichen Trader begleiten.

1. Schritt – Umfassendes Basiswissen

Basiswissen ist Ihr Fundament beim Handel mit Aktien. Die Betonung liegt hier auf dem Begriff Basis. Sie werden nicht alle Feinheiten des Aktienhandels durch das Studium von Büchern oder Internetangeboten erlernen. Das wird die Praxis bringen. Aber die Grundpfeiler des Aktienhandels sollten Sie beherrschen.

Wer tummelt sich alles im Wertpapierhandel?

Die Anzahl der Personen und Institutionen, die sich auf dem Parkett des Finanzhandels bewegen, ist so umfangreich, dass in diesem Workbook nur die wichtigsten erwähnt werden.

An erster Stelle stehen selbstverständlich Sie als Trader. Sie sollten aber auf jeden Fall die Funktionsweise Ihres zukünftigen Tradens festlegen. Wollen Sie sich als Swingtrader, als Daytrader oder als Scalper am Handel beteiligen?

Erklärung:
Swingtrader halten ihre Kapitaleinlagen über Tage, Wochen bis hin zu mehreren Monaten.

Daytrader halten ihre Kapitaleinlagen nur bis zum Ende eines Handelstages.

Scalper halten ihre Kapitaleinlagen nur über Sekunden, höchstens zwei bis drei Minuten.

Als Einsteiger in den Wertpapierhandel ist es empfehlenswert, diese Funktionsweisen von unten nach oben auszuprobieren. Starten Sie zunächst als Scalper und entscheiden Sie nach einiger Zeit, wie Sie sich zukünftig positionieren wollen, als Daytrader, als Swingtrader oder vielleicht sogar als Scalper.

Was lässt sich beim Wertpapierhandel verdienen?

Diese Frage lässt sich nicht abschließend beantworten, da die Verdienstmöglichkeit abhängig von der Höhe Ihrer Investitionen, Ihrer Trading-Disziplin, Ihrem Mut zum Risiko und einem großen Anteil Glück ist. Aber gleich wie: Verdienen können Sie nur, wenn Sie sich eine Trading-Strategie erarbeiten, diese dauerhaft festlegen und gezielt umsetzen.

Sollten Sie sich jetzt bereits ausmalen, mit welchen Gewinnen Sie zukünftig aus den einzelnen Trades gehen können, sollten Sie aber auch immer vor Augen haben, dass aus Investitionen nicht nur Gewinne generiert werden, sondern auch Verluste eintreten können – letzteres sogar bis zu einem Totalverlust.

Gehen wir aber einmal von einer durchgehend positiven Entwicklung aus. Da können sich aus einer anfänglichen Investition von 1.000,00 Euro und bei einem jährlichen Gewinn in Höhe von 30 % innerhalb von 5 Jahren mehr als 3.700,00 Euro entwickeln.

Jahr	Kapital (Start)	Jährlicher Gewinn	Kapital (Ende)
1	1.000,00 €	30 %	1.300,00 €
2	1.300,00 €	30 %	1.690,00 €
3	1.690,00 €	30 %	2.197,00 €
4	2.197,00 €	30 %	2.856,10 €
5	2.856,10 €	30 %	3.712,63 €
Gewinn = 2.712,63 €			

Welche Produkte kann man an Börsen handeln?

Heutzutage sind den Möglichkeiten beim Handel mit Finanzprodukten keine Grenzen gesetzt. Neben den „Klassikern“, wie z. B. Aktien, Anleihen, ETFS, ETCs, Rohstoffe oder Edelmetalle, gibt es auch eine Reihe von sogenannten „alternativen Anlageklassen“. Dazu gehören z. B. Währungen, Kunstgegenstände, Wein oder Oldtimer.

Startkapital

Während früher davon ausgegangen wurde, dass für ein erfolgreiches Traden das Einstiegskapital nicht zu niedrig ausfallen sollte, geht man heutzutage davon aus, dass gerade das kleine Kapital für den Einstieg in das Traden bestens geeignet ist.

Warum? Weil Sie mit wenig Geld im schlechtesten Fall auch nur wenig Geld verlieren können!

Stellen Sie sich einmal folgende Situation vor: Sie planen mit Freunden den Besuch eines Casinos. Vermutlich werden Sie nicht mit Taschen voller Geld diese Räumlichkeiten betreten.
Warum? Weil Sie im Unterbewusstsein wissen, dass ein Casino eher eine Glücksspieloase ist. Sie haben zwar Spaß, aber am Ende meistens auch kein Geld mehr! So ähnlich sollten Sie sich den Einstieg in das Trading vorstellen. Mit einem Unterschied! Sie sollen Spaß haben, aber kein Geld verlieren, sondern gewinnen. Wenn Sie aber mit einem hohen Kapital einsteigen und dieses dann tatsächlich verlieren sollten, dürfte es vermutlich mit dem Spaß zu Ende sein. Ein kleineres Kapital können Sie auf mehrere Trades aufteilen. Da fällt es nicht sofort auf, wenn ein Trade komplett abstürzt. Diesen finanziellen Verlust werden Sie verkraften können, zumal er sich durch andere Gewinne wieder ausgleichen kann.

Mit einem niedrigen Startkapital können Sie „gefahrlos“ traden und gleichzeitig eine Menge lernen.

Übung: Sind Sie für das Traden geeignet?

Die Antwort auf diese Frage können Sie mit dem folgenden Selbsttest schnell erhalten. Bei diesem Selbsttest handelt es sich um 12 Fragen aus dem Bereich Trading und Persönlichkeit. Die Antwortmöglichkeiten beschränken sich lediglich auf ein eindeutiges „Ja" bzw. „Nein". Ein „Vielleicht" ist nicht vorgesehen. Kreuzen Sie die Antwortmöglichkeiten entsprechend an. Antworten Sie auf jeden Fall ehrlich.

Selbsttest

Nr.	Frage	Ja	Nein
1	Lernen Sie grundsätzlich aus persönlichen Fehlern?		
2	Erkennen Sie sehr schnell Probleme/Schwierigkeiten?		
3	Können Sie sich nach Rückschlägen wieder selbst motivieren?		
4	Sind Sie bereit, sich ständig weiterzubilden?		
5	Sind Sie in der Lage, realisierbare Ziele festzulegen?		
6	Können Sie Strategien entwickeln?		
7	Sind Sie der Ansicht, dass Sie ein umfassendes Grundwissen besitzen?		
8	Kennen Sie die Bezeichnung Swingtrader?		
9	Kennen Sie den Begriff Diversifikation?		
10	Sind Sie risikobereit?		
11	Sind Sie im Umgang mit dem Internet fit?		
12	Kennen Sie drei Finanzprodukte, die an Börsen gehandelt werden?		

Das Ergebnis dieses Selbsttests finden Sie am Ende dieses Workbooks unter Auflösungen, Lösung 1.

2. Schritt – Grundlagen der Chartanalyse

Stellen Sie sich einmal Folgendes vor:

Sie erhalten einen Anruf von einem befreundeten Trader. Er sagt Ihnen voraus, dass die Aktie „X“ bis zum Börsenschluss am nächsten Tag eine rasante Kursentwicklung von mindestens plus 30 % erfährt. Um an dieser Entwicklung teilhaben zu können, empfiehlt Ihr befreundeter Trader, umgehend in diese Aktie zu investieren. Sie vertrauen ihm und investieren eine größere Summe. Am nächsten Tag schließt die Aktie tatsächlich mit einem Plus von 35 %. Sie gewinnen eine stattliche Summe.

Wie konnte Ihr befreundeter Trader diese Kursentwicklung vorhersagen? Eine Möglichkeit wäre: Es war einfach Glück! Die Wahrheit ist aber eine andere. Er hat den Kurs dieser Aktie durch eine besondere Technik, die Charttechnik, über einen längeren Zeitraum beobachtet. Aus den Erkenntnissen dieser Technik, hat er die erwähnte Vorhersage getroffen und richtig gelegen.

Mit der grafischen Darstellung der Chartanalyse sind in den Kursverläufen immer wiederkehrende Muster, Formationen und individuelle Merkmale (Indikatoren) erkennbar, die bei richtiger Interpretation Rückschlüsse zum weiteren Kursverlauf zulassen. Genau diese Rückschlüsse sollen Ihre Entscheidungen über den Kauf bzw. Verkauf eines Wertpapieres unterstützen.

Es ist für Sie als Trader deshalb notwendig, die Charttechnik nicht nur zu kennen, sondern sie auch zu verstehen und zu beherrschen. Charts sind das wichtigste Werkzeug für Trader. Dabei ist es irrelevant, ob die grafische Darstellung in Form einer Linie, einer Kerze usw. dargestellt wird.

Nachfolgend zwei kleine Übungen, bei denen Entscheidungen für die Zukunft getroffen werden sollten.

Übung: Wie gehe ich mit Informationen der Charttechnik um?

Im Chart können Sie erkennen, dass Ihre Aktie, die Sie vor einigen Monaten zum Preis von 90,00 Euro gekauft haben, trotz starker Schwankungen seit Wochen nicht über den Wert von 200,00 Euro steigt, andererseits aber auch nicht unter den Wert von 100,00 Euro sinkt. Sie bewegt sich innerhalb eines Chartkanals und weist keine besonders auffälligen Indikatoren auf. Wie gehen Sie mit dieser Situation um?

Tipp: Es gibt mindestens zwei Lösungen:

1. Aus Ihrer Sicht als Besitzer dieser Aktie.
2. Aus Ihrer Sicht als möglicher Käufer dieser Aktie.

Das Ergebnis dieser Übung finden Sie am Ende dieses Workbooks unter Auflösung, Ergebnis 2.

3. Schritt – Persönliche Zielsetzung

Warum sollen Sie sich für Ihr Trading Ziele setzen? Eine einfache Frage, die aber ebenso einfach beantwortet werden kann: **Weil Sie Erfolg beim Trading haben wollen!** Psychologen verknüpfen Erfolg heutzutage immer mit definierten Zielen. Einfacher ausgedrückt: Ziele sind der Schlüssel zum Erfolg. Das gilt sowohl im Leben als auch, und vor allem, beim Handel an einer Börse.

- Doch wie können Sie sich Ziele setzen?
- Wie erreichen Sie Ihre Ziele?

Zwei berechtigte Fragen, zu denen Sie in diesem Kapitel Tipps für die Antworten erhalten. Eine besondere Hilfe zum Thema Zielerreichung bietet das Prinzip SMART. Dieses Prinzip beschreibt die Eigenschaften eines Ziels mit den folgenden fünf Komponenten: Ein Ziel sollte

S = spezifisch sein!
M = messbar sein!
A = angemessen sein!
R = realistisch sein!
T = terminiert sein!

Für Investitionen im Wertpapierhandel sollten Sie grundsätzlich festlegen, wie lange das Investment angelegt werden soll (T), wie sicher Ihre Investition ist (A + S) und welchen Ertrag Sie erzielen wollen (M + R).

Sie sollten beim Traden grundsätzlich immer ein Ziel anstreben: **Die Steigerung Ihres Kapitals!** Doch was bedeutet diese allgemeine Floskel „Steigerung", wenn Sie den Gewinn als Glück und den Verlust als Pech betrachten? Das ist zweifellos kein definiertes Ziel! Besser wäre es doch, sich reale Ziele zu setzen, z. B.:

- Ich möchte dieses Jahr mein investiertes Kapital um 5 % steigern!
- Ich möchte dieses Jahr 0 % Kapitalverlust erleiden.

Zwei deutlich formulierte Ziele, nach denen Sie Ihr gesamtes Trading ausrichten können. Sie werden mit diesen Vorsätzen Ihre Investitionen nicht nur gezielter, sondern, mit Zuhilfenahme technischer Informationen, auch bedachtsamer einsetzen.

Ziele können aber auch im privaten Umfeld gesetzt werden, wo sie möglicherweise abhängig sind von der Zielerreichung beim Traden, z. B.:

- Ich möchte eine Summe von 10.000 Euro ansparen, um eine finanzielle Schieflage auffangen zu können!
- Ich möchte in 10 Jahren ein Haus kaufen.
- Ich möchte in den nächsten 5 Jahren meine Schulden abbauen!

usw.

Bevor Sie in Ihre Handelsaktivitäten an der Börse einsteigen, sollten Sie sich über Ihre Ziele im Klaren sein. Damit Sie diese Ziele nicht aus den Augen verlieren, schreiben Sie diese tabellarisch nieder und hängen Sie sie in Sichtweite Ihres PCs auf. So werden Sie möglicherweise unfreiwillig an Ihre Zielsetzung erinnert, werden aber freiwillig Ihr gesamtes Traden danach ausrichten. Diese Liste sollte allerdings nicht mehr als 3 Ziele beinhalten und von oben (kurzfristiges Ziel) nach unten (mittelfristiges/langfristiges Ziel) gewichtet sein.

Beispiel einer tabellarischen Zielsetzung:

Ziel	Benennung Ziel	Ziel Start	Voraus. Zielende
1	XXXX XXXX XXXX	TT.MM.JJ	TT.MM.JJ
2	YYYY YYYY YYYY	TT.MM.JJ	TT.MM.JJ
3	ZZZZ ZZZZ ZZZZ	TT.MM.JJ	TT.MM.JJ

4. Schritt – Finanzinstrument bestimmen

Dieser Punkt sollte insbesondere zu Beginn Ihres Tradings sorgfältig festgelegt werden. Schließlich steht Ihnen eine bunte Palette von Finanzinstrumenten zur Verfügung, deren Besonderheiten Sie aber erst einmal gründlich erlernen müssen. Daher ist es nicht ratsam, über das gesamte Portfolio der Finanzinstrumente Ihr Trading aufzubauen. Konzentrieren Sie sich zu Anfang nur auf ein, maximal zwei Instrumente. Da jedes Finanzinstrument seine eigenen Regularien und Geheimnisse hat, werden Sie das Traden weitaus schneller erlernen, als wenn Sie sich mit der gesamten Palette der Finanzinstrumente beschäftigen.

Für Ihre ersten Schritte wäre das bekannteste und auch am einfachsten zu händelnde Finanzinstrument, die „klassische" Aktie, zu empfehlen, möglicherweise in Verbindung mit einem ETF. Zu Beginn sollten Sie sich nicht mit den etwas „schwierigeren" Finanzinstrumenten, z. B. Edelmetalle, Devisen, Anleihen oder Optionen, beschäftigen.

5. Schritt – Broker auswählen

Als Trader können Sie nicht direkt an einer Börse handeln. Sie müssen eine lizenzierte Person oder Firma zwischenschalten. Diese Funktion übernimmt der sogenannte Broker. Dieser übernimmt in Ihrem Auftrag sämtliche Finanztransaktionen und führt sie in Ihrem Namen aus. Für diese „Dienstleistung" berechnet der Broker, je nach Auftragsart und Volumen, eine Gebühr. Doch wie finden Sie den passenden Broker und worauf sollten Sie unbedingt achten? Diese Frage bedarf einer umfangreichen Recherche. Die Broker sind nicht gleich aufgestellt, weder bei den gehändelten Finanzinstrumenten noch bei der Qualität Ihrer Dienstleistung und Ihrem Serviceangebot.

Heutzutage werden Broker in vier Typen unterschieden:

Der Börsen-Broker

Hierbei handelt es sich um den „klassischen" Typus eines Brokers. Er tradet ausschließlich mit Aktien, die er in Ihrem Namen ankauft bzw. verkauft. Er berät Sie auch und gibt Ihnen Hinweise auf lukrative Finanzinstrumente.

Der Forex-Broker

Hierbei handelt es sich um einen Broker, der in Ihrem Auftrag Devisen (Währungen) kauft bzw. verkauft, inklusive einer Beratung. Dieser Typus besitzt den Vorteil, dass er 24 Stunden am Tag weltweit traden kann. Beachten müssen Sie beim Devisenhandel, dass immer ein Währungspaar getradet werden muss. Das bedeutet: Sie können Euro verkaufen, müssen aber als Gegenwert eine andere Währung wieder einkaufen.

Beispiel (EUR zu USD):

Sie verkaufen 100 Euro und erhalten als Gegenwert 109,90 US-Dollar (Stand: 15.08.2023 / 23:16).

Der Full-Service-Broker

Dieser Typus bietet zu seinem eigentlichen Geschäftsfeld als Broker noch zusätzliche Serviceleistungen an. Dazu gehören z. B. private Vorsorgeprodukte, eine Steuerberatung oder die Ausarbeitung eines persönlichen Finanzplans. Zudem erstellt er Recherchen zu Finanzinstrumenten und bietet die Ergebnisse seinen Kunden an. Dieser Service kostet allerdings auch etwas mehr Provision als bei den üblichen Brokern.

Der Discount-Broker

Wie die Bezeichnung schon verrät, erhalten Sie bei diesem Typ nur einen minimalen Service. Er wickelt lediglich in Ihrem Auftrag Trades ab. Sie erhalten keinen Service, geschweige denn Informationen aus Recherchen.

Übung / Frage

Die folgende Übung hat nichts mit diesem Kapitel zu tun, soll aber Ihr Gedächtnis fordern! Gegenstand ist der 3. Schritt in diesem Workbook.

Frage: Welche Begriffe/Komponenten werden durch den Begriff SMART beschrieben?

S	??
M	??
A	??
R	??
T	??

Das Ergebnis dieser Übung finden Sie am Ende dieses Workbooks unter Auflösung, Ergebnis 3.

6. Schritt – Depot / Konto eröffnen

Worauf würden Sie als Privatperson bei der Eröffnung eines Girokontos bei einer Bank besonders achten? Vermutlich werden an erster Stelle die Kontoführungsgebühren stehen. Sicherlich ist auch der Service (z. B. Öffnungszeiten) für Sie wichtig. Nichts anderes trifft auch bei der Eröffnung eines Depots (Pflicht!) bzw. Kontos bei einem Broker zu. Kosten und Service sind das deutlichste Kriterium, an denen Sie Broker messen und unterscheiden können.

Fünf Kriterien sollten für die Auswahl des Brokers ausreichen. Dies könnten z. B. sein:

Bemerkung: *Sie sehen hier eine Tabelle mit leeren Zeilen. Dies soll eine kleine Übung sein. Notieren Sie für sich selbst einmal handschriftlich, welche 5 Kriterien Sie bei der Eröffnung eines Depot/Kontos für besonders wichtig halten.*

1.
2.
3.
4.
5.

Im Kapitel Auflösung, Ergebnis 4, finden Sie die fünf wichtigsten Kriterien für die Eröffnung eines Depots/Kontos.

7. Schritt – Strategien festlegen

Auf dem Weg zum erfolgreichen Trader haben Sie bereits eine Vielzahl von Schritten hinter sich gebracht. Auch wenn es simpel erscheint: Spätestens jetzt müssen Sie sich Gedanken machen, wie Sie Ihr zukünftiges Trading-Verhalten aufbauen wollen.

➢ Wollen Sie mit allem traden, was gerade am Markt verfügbar ist?

Das macht wenig Sinn!

➢ Wollen Sie sich dagegen auf ein Finanzinstrument aus dem gesamten Portfolio konzentrieren?

Das macht schon mehr Sinn!

Wie gehen Sie als Anfänger im Trading aber am besten vor? Einfach drauflos? Auf keinen Fall. Sie würden bereits nach kurzer Zeit verzweifeln und die Lust am Trading schnell wieder verlieren. Erarbeiten Sie sich besser eine Trading-Strategie, mit der Sie die Welt der Finanzinstrumente erobern können. Sofort kommen neue Fragen auf:

➢ Was sind Trading-Strategien?
➢ Gibt es mehrere Formen von Trading-Strategien?
➢ Sind Trading-Strategien sinnvoll?
➢ Welche Strategie könnte für Sie passen?

Was sind Trading-Strategien?

Eine Strategie ist nichts anderes als ein genau definierter Plan, mit dem ein festgelegtes Ziel erreicht werden soll. Diese Feststellung, angewandt auf Ihr Trading, bedeutet: Sie wollen durch ein erfolgreiches Trading (der Plan) einen von Ihnen finanziell definierten Punkt (das Ziel) erreichen.

Mittlerweile können Sie auf eine Vielzahl von standardisierten Strategien zugreifen. Erfolgreich werden Sie aber nur durch Ihr individuell angepasstes Ziel (siehe Kapitel 4). Die drei am häufigsten eingesetzten Strategien sind:

Growth-Strategie

Diese kommt bei Finanzinstrumenten zukunftsorientierter Unternehmen zum Einsatz, z. B. aus dem Bereich Bio-Tech. Diese Unternehmen zeichnen sich durch eine hohe Dynamik im Wachstum aus.

(Siehe auch Hauptbuch, Kapitel 10.1.2)

Value-Strategie

Diese kommt bei Finanzinstrumenten zum Einsatz, die

➢ aus einem Bündel wirtschaftlich stabiler Unternehmen gebildet werden.
➢ zu günstigen Preisen eingekauft werden können.

(Siehe auch Hauptbuch, Kapitel 10.1.3)

Quality-Strategie

Ähnelt der Value-Strategie, allerdings mit dem Unterschied, dass der Preis des Finanzinstrumentes keine Rolle spielt.

(Siehe auch Hauptbuch, Kapitel 10.1.4)

8. Schritt – Risikomanagement anwenden

Dieses Kapitel ist sicherlich der sensibelste Schritt auf dem Weg zum erfolgreichen Trader. Sie sollten, Sie müssen sogar, mit diesem Thema sehr aufmerksam umgehen. Jeder Trade, der von Ihnen angestoßen wird, ist mit einem höchstmöglichen Risiko behaftet. Das ist Normalität, die Sie nicht verhindern können. Sie sollten daher, Sie müssen sogar, auf Ihrem Weg zu einem erfolgreichen Trader ein wichtiges „Instrument" beachten und umsetzen:

Die 1-%-Regelung

Anfänger im Trading neigen schon aufgrund ihrer noch fehlenden Erfahrung dazu, möglichst schnell ihr eingesetztes Kapital zu vermehren. Doch bereits mehrmals wurde darauf hingewiesen, dass nicht nur schnelle Gewinne im Aktienhandel erfolgen, sondern leider auch schnelle Verluste. Erfahrene Trader wissen dieses Risiko einzuschätzen.

Damit Ihnen diese negative Erfahrung erspart bleibt, sollten Sie diese Regel bereits beim ersten Trade beherzigen. Sie lautet:

Investieren Sie pro Trade niemals mehr als 1 % Ihres gesamten Kapitals!

Dieser geringe Kapitaleinsatz verhindert zwar keine Fehltrades, minimiert aber die Gefahr, Ihr gesamtes Kapital zu verlieren. Einfacher ausgedrückt: Mit Einhaltung der 1-%-Regel können Sie sich den einen oder anderen Verlust erlauben, ohne dass Ihre Trader-Karriere schneller endet als gewollt.

Eine kleine Übung Zwischendurch

Sie haben mittlerweile eine Vielzahl von Informationen zum Thema Wertpapierhandel erhalten. Da dürfte eine kleine Pause sicherlich zur rechten Zeit kommen. Die Pause können Sie aber nutzen, um Ihren bisherigen Kenntnisstand einmal zu prüfen. Die nachfolgend aufgeführten Fragen beziehen sich auf das Thema Aktien. Ob Sie die richtigen Antworten wissen?

Hinweis 1: Das Thema zu diesen Fragen wurde nicht in diesem Workbook, sondern im Hauptbuch behandelt.
Hinweis 2: Es können mehrere Antworten richtig sein.

Frage 1: Worin liegt der Unterschied zwischen Stamm- und Vorzugsaktien?

Antwort 1: Stamm- und Vorzugsaktien werden an unterschiedlichen Börsen gehandelt.
Antwort 2: Besitzer einer Stammaktie besitzen bei Aktionärsversammlungen Stimmrecht.
Antwort 3: Besitzer einer Vorzugsaktie besitzen bei Aktionärsversammlungen Stimmrecht.

Frage 2: Welche Aussage ist richtig?

Antwort 1: Inhaberaktien können formlos verkauft werden.
Antwort 2: Vorzugsaktien müssen mindestens 50 % des Gesamtaktienbestandes eines Unternehmens einnehmen.
Antwort 3: Besitzer einer Vorzugsaktie besitzen bei Aktionärsversammlungen Stimmrecht.

Frage 3: Was ist der große Nachteil von Inhaberaktien?

Antwort 1: Inhaberaktien können nur mit einem hohen Aufwand verkauft werden.
Antwort 2: Inhaberaktien werden nur an ausgewählten Börsen gehandelt.
Antwort 3: Durch die bestehende Anonymität kann der Vorstand einer AG keinen direkten Kontakt zu den Aktionären aufbauen.

Frage 4: Welche Themen auf einer Aktionärsversammlung sind für Aktionäre wichtig?

Antwort 1: Die Gewinnausschüttung.
Antwort 2: Darstellung der Verluste.
Antwort 3: Die zukünftige Entwicklungsplanung des Unternehmens.

Die Antworten zu diesen Fragen finden Sie im Kapitel der Auflösungen, Ergebnis 5.

9. Schritt – Trading-Tagebuch

Warum sollen Sie bei Ihrem Trading ein Tagebuch führen? Eine berechtigte Frage. Schließlich wollen Sie ja nur mit Finanzinstrumenten traden. Es gibt allerdings mehrere Gründe, warum ein Tagebuch sinnvoll und vor allem nützlich ist.

Mittlerweile wird nicht nur den Anfängern im Trading empfohlen, ein Trading-Tagebuch zu führen, sondern auch Profis nutzen dieses Tool. Warum? Mit einem gut geführten Trading-Tagebuch können Sie Ihre bisherigen Aktivitäten immer hinterfragen. Sie können Ihre Maßnahmen rückwirkend vergleichen, analysieren und aktuelle Aktivitäten dadurch besser steuern.

Wie Sie dieses Tagebuch führen, ist Ihnen frei überlassen. Sie können ein Tagebuch handschriftlich führen, an Ihrem PC in einer Datei bearbeiten oder eines der vielen Tools nutzen, die mittlerweile im Netz angeboten werden.

Zu Beginn Ihres Tradings ist es allerdings empfehlenswert, Ihr Tagebuch recht einfach zu gestalten. Es ist zwar optimal, über viele Kenndaten zu verfügen, aber gerade zu Beginn Ihrer Aktivitäten werden Sie mit einer Vielzahl von Informationen überschüttet, sodass Sie den Nutzen eines Tagebuchs noch nicht richtig einordnen können.

Je länger Sie sich am Traden beteiligen, desto ruhiger und gelassener werden Sie – insbesondere dann, wenn Sie immer mehr Informationen in diesem Tagebuch ablegen.

5 Schritte zu einem ersten Trading-Tagebuch

Sie sind von dem Führen eines Tagebuchs überzeugt! Doch wie sieht es optisch aus und was sollten Sie darin aufführen? In fünf Schritten können Sie ein einfaches, aber schon aussagefähiges Tagebuch einrichten.

- **Schritt 1:** Notieren Sie die Rahmendaten Ihres Trades
- **Schritt 2:** Charts / Trends als Screenshot (oder Ähnliches) beilegen
- **Schritt 3:** Notizen erfassen
- **Schritt 4:** Trade nach Abschluss bewerten
- **Schritt 5:** Tagebuch / Tagebücher archivieren

Schritt 1: Rahmendaten Ihres Trades

Diesen Schritt kann man eigentlich als Zusammenfassung sämtlicher technischer Daten Ihres Trades bezeichnen. Er bildet den Grundstock Ihres Tagebuches. Erfasst werden sollten folgende Daten:

- Eine Vorgangsnummer (1–xx) für jeden Trade
- Das Datum der Trade-Eröffnung
- Das Finanzinstrument
- Der Wert zu Beginn des Trades
- Der Wert zum Ende des Trades
- Die Höhe des Gewinnes/Verlustes

Optional, aber nicht zwingend erforderlich, können Sie sekundäre Kosten miterfassen. Dazu gehören Kosten, die durch den Broker berechnet werden, z. B. Gebühren oder Provisionen.

Schritt 1 muss immer in der gleichen Form erfasst werden, ansonsten verlieren Sie die Vergleichbarkeit Ihrer Trades.

Schritt 2: Charts / Trends als Screenshot (oder Ähnliches) beilegen

Dieser Schritt ist grundsätzlich nicht zwingend, lässt aber Ihre geschriebenen Notizen visuell noch aussagefähiger werden. Als einfachste Form lässt sich hierfür ein Screenshot Ihres Charts oder Trends verwenden. Markieren Sie in diesem Screenshot die Situationen, die entscheidend für Ihr weiteres Trading waren.

Beispiel:

Im Screenshot ist erkennbar, dass Sie zum Zeitpunkt „X" hinsichtlich Ihres Trades eine wichtige Entscheidung getroffen haben, z. B. den Ausstieg aus dem Trade, eine Aufstockung Ihres Kapitals oder die Beendigung des Trades.

Die Frage ist dabei: Warum gerade zu diesem Zeitpunkt? Was hat Sie bei Ihrer Entscheidung zu diesem Zeitpunkt beeinflusst?

Dies sind Informationen, die Ihnen bei Ihrem späteren Trading hilfreich sein können, insbesondere dann, wenn eine ähnliche Situation vorliegt. Sie können dann eine Entscheidung treffen, die Sie bereits in einer ähnlichen Situation getroffen haben und die Ihnen geholfen hat.

Hinweis:

Vergessen Sie nicht, jeden Screenshot mit der laufenden Nummer des Vorgangs zu markieren. So finden sich später beide Schritte wieder zusammen.

Schritt 3: Notizen erfassen

Neben den technischen Daten und der Visualisierung sind auch Ihre Gefühle wichtig, z. B.:

- Warum haben Sie sich gerade für diesen Trade entschieden?
- Haben Sie Ihre Entscheidung, in diesen Trade einzusteigen, emotional oder nüchtern/sachlich getroffen?
- Mit welcher Strategie sind Sie in diesen Trade eingestiegen?
- Wie haben Sie sich dabei gefühlt (sicher, zweifelnd oder unsicher)?

usw.

Durch die Antworten auf diese Fragen lassen sich Ihre Gedankenmuster beim Traden deutlich erkennen. So lassen sich z. B. Rückschlüsse auf Ihre Emotionen erkennen. Das kann wiederum bei negativen Gedankenmustern hilfreich sein, um diese bereits im Vorfeld einer wichtigen Entscheidung auszuschalten.

Schritt 4: Trade nach Abschluss neu reflektieren

Sie haben einen Trade abgeschlossen. Sie haben in Ihrem Tagebuch diesen Trade gemäß der Schritte 1 bis 3 erfasst. Wie würden Sie diesen Trade 24 Stunden später, mit etwas Distanz zum Vorgang, bewerten? Nehmen Sie sich die Zeit, über Trades mit Abstand neu nachzudenken, sie zu reflektieren. Es könnten z. B. folgende Fragen auftreten:

- Was haben Sie gut gemacht?
- Was weniger gut?
- Hat Ihnen die genutzte Strategie so geholfen, wie es vorgesehen war?

usw.

Antworten Sie ehrlich und vermeiden Sie Schönredereien. Psychologen betrachten die Selbstreflexion als eine wichtige Maßnahme, um z. B. vorhandene Stärken weiterzuentwickeln, gleichzeitig aber auch, um aus Fehlern zu lernen. Genau das soll erreicht werden!

Schritt 5: Tagebuch / Tagebücher archivieren

Bei diesem Schritt werden Sie, insbesondere, wenn Sie sich für ein digitales Tagebuch entschieden haben, wohl mit dem Kopf schütteln. Zum einen ist ein Tagebuch ein sehr persönliches Format, zum anderen kann auch in der Datenwelt so einiges verloren gehen. Es reicht schon ein unbedachtes Löschen der Datei. Es ist folglich ratsam, Sicherungskopien anzulegen.

Archivieren Sie also Ihr analoges Tagebuch bzw. Ihre Sicherungskopien. So können Sie später immer wieder Ihre Aktivitäten analysieren und Ihre Entwicklung als erfolgreicher Trader Revue passieren lassen.

10. Schritt – Trading-Psychologie

Ein weit verbreiteter Fehler beim Trading ist die Unterschätzung der eigenen Emotionen. So wirken positive Emotionen, wie z. B. Aufregung und Freude, genauso intensiv auf Ihr Verhalten ein wie negative Emotionen, z. B. Frust und Gier. Es ist also besonders wichtig, eigene Emotionen beim Trading möglichst zu unterbinden. Psychologen würden für diese Situation folgende, recht einfache These aufstellen:

„Das eigene Ich ist der größte Feind von Entscheidungen!"

Diese These ist der Grund, warum sich erfahrene Trader immer wieder mit Ihren Emotionen, besser gesagt mit Ihrer Psychologie, auseinandersetzen. Selbstdisziplin ist hier das entscheidende Wort.

Selbstdisziplin zeichnet sich durch einen ausgeprägten Willen, eine hohe Motivation und eine starke Selbstbeherrschung aus – alles Komponenten, die Sie, falls nicht vorhanden, erlernen können. Nutzen Sie dazu entsprechende psychologische Angebote. Unterschätzen Sie Ihre Psychologie auf keinen Fall. Sie ist ein notwendiger Bestandteil auf Ihrem Weg zum erfolgreichen Trader.

11. Schritt – Weiterentwicklung

In der heutigen modernen Welt bewegt sich alles um ein Vielfaches schneller als in früheren Zeiten. Auch der Handel mit Finanzinstrumenten erfährt immer schneller Veränderungen, auf die Sie als erfahrener Trader reagieren müssen. Es ist folglich ein absolutes „Muss", sich ständig weiterzubilden. Hierfür können Sie entsprechend Fachbücher lesen oder die Online-Angebote der Broker nutzen. Diese sind im Regelfall kostenlos. Empfehlenswert ist z. B. das wöchentliche Online-Börsen-Magazin, herausgegeben von der Deutschen Börse. Damit erhalten Sie Veränderungen, Neuerungen usw. auf dem schnellsten Weg.

AUFLÖSUNGEN DER ÜBUNGEN

Ergebnis 1 – Lösung zu Kapitel 1.5.1 (Selbsttest)

„Ja"	Bewertung
12–11 x	Sie sind bestens für den Handel mit Finanzprodukten geeignet und sehr gut für einen Start vorbereitet.
10–6 x	Sie sollten vor dem Start in das Trading das Buch noch einmal durcharbeiten und genauestens analysieren.
5–0 x	Sie sollten sich zuerst mit Ihrem Persönlichkeitsbild beschäftigen und vorerst auf das Traden verzichten.

Ergebnis 2 – Lösung zur Übung im Kapitel 2.1 (Charttechnik)

Lösung 1 (Aktieninhaber):
Sie haben zurzeit weder finanzielle Probleme noch das Verlangen, in neue Aktien zu investieren. Sie agieren daher nicht, beobachten aber weiterhin intensiv den Kurs. Als kleine Absicherung veranlassen Sie eine Stop-Loss-Order (siehe Kapitel 15.1 im Hauptbuch) mit einem Wert von 90,00 Euro. Dadurch verhindern Sie einen Verlust Ihres investierten Kapitals, sollte der Wert unter 90,00 Euro fallen.

Lösung 2 (möglicher Käufer):
Tendenziell agieren Sie nicht weiter, da Sie ja zurzeit nicht in neue Aktien investieren wollen. Sie beobachten den Kurs aber weiterhin.

Ergebnis 3 – Lösung zur Übung im Kapitel 5.1 (SMART)

Die Frage war: Welche Begriffe/Komponenten werden durch den Begriff SMART beschrieben?

S	spezifisch sein!
M	messbar sein!
A	angemessen sein!
R	realistisch sein!
T	terminiert sein!

Ergebnis 4 – Lösung zur Übung für Schritt 6 (Depot/Konto eröffnen)

Kriterien, die Sie bei der Eröffnung eines Depots/Kontos für besonders wichtig halten sollten.

Die Sicherheit Ihr zukünftiger Broker sollte eine optimale Regulierung durch eine staatliche Aufsichtsbehörde nachweisen können.
Der Service Sollten Sie keine Fremdsprache perfekt beherrschen, sollten Sie einen deutschsprachigen Broker auswählen. Er sollte auch direkt telefonisch und nicht über ein Callcenter erreichbar sein.
Die Produktpalette Der Broker sollte alle für Sie bedeutsamen Finanzinstrumente in seinem Portfolio aufweisen können. Das Traden über mehrere Broker ist zwar möglich, aber sehr aufreibend.
Die digitale Handelsplattform Wickelt der Broker seine Trades über eine digitale Plattform ab, auf die auch Sie über das Internet zugreifen können? Z. B. zur Ansicht von Kursentwicklungen, Charts oder Trends?
Konditionen Ein besonders wichtiges Kriterium: Wie hoch sind die Gebühren des Brokers? Hier gibt es große Unterschiede bei den Brokern. Ein Vergleich lohnt sich allemal!

Ergebnis 5 zur Übung im Kapitel 8.1

Frage 1: Worin liegt der Unterschied zwischen Stamm- und Vorzugsaktien?

Antwort 2 = Besitzer einer Stammaktie besitzen bei Aktionärsversammlungen Stimmrecht.

Frage 2: Welche Aussage ist richtig?

Antwort 1 = Inhaberaktien können formlos verkauft werden.

Frage 3: Was ist der große Nachteil von Inhaberaktien?

Antwort 3 = Durch die bestehende Anonymität kann der Vorstand einer AG keinen direkten Kontakt zu den Aktionären aufbauen.

Frage 4: Welche Themen auf einer Aktionärsversammlung sind für Aktionäre wichtig?

Antwort 1: Die Gewinnausschüttung. **Antwort 2:** Darstellung der Verluste. **Antwort 3:** Die zukünftige Entwicklungsplanung des Unternehmens.

Bonus: Daytrading

Neben dem Daytrading gibt es noch als weitere Aktivitäten im Börsenhandel das Scalping und das Swingtrading. Es sind alle drei keine neuen Bezeichnungen im Handel mit Finanzprodukten. Im Gegenteil: Sie sind schon so alt, wie es den Handel überhaupt gibt. Sowohl Daytrading, Scalping und Swingtrading unterscheiden sich weder in den Abläufen noch in der Nutzung von Informationen, z. B. aus Trendverläufen oder Chartdarstellungen.

Bis auf eine Eigenschaft, die zeitlich begründet ist!

Im Gegensatz zum Swing-Trader (auch als Long-Trader bezeichnet), der seine Handelsaktivitäten sehr langfristig aufbaut, setzen Daytrader und Scalper eher auf kurzfristige, sogar sehr kurzfristige Handelsaktivitäten. Daytrader sind in der Regel innerhalb eines Tages (daher auch die Bezeichnung Daytrader) und sehr selten auch in Tagesabschnitten (Stunden) aktiv. Scalper dagegen konzentrieren sich ausschließlich auf wenige Sekunden, allerhöchstens auf wenige Minuten, bei Ihren Handelsaktivitäten.

Die Ziele des Daytradings bzw. Scalpings sind allerdings identisch mit jenen des Long-Tradings: Gewinne zu erwirtschaften bzw. Verluste möglichst gering zu halten. Aufgrund der entsprechend kürzeren Trading-Zeiträume fallen Gewinne im Regelfall deutlich geringer aus – Verluste allerdings auch!

Durch die Entwicklung moderner PCs und der immer rasanter werdenden elektronischen Datenverarbeitung kann heute jeder diesen Varianten des Handels an Börsen und Kapitalmärkten nachgehen. Daytrading und Scalping können sogar eine ideale Möglichkeit des Lernens sein – so lange, bis Sie sich trauen, in den längerfristigen Handel einzusteigen.

Spätestens jetzt kommt eine sehr alte These des berühmten amerikanischen Finanziers und Börsenspekulanten Bernhard Baruch (* 19.08.1870, † 20.06.1965) zum Tragen, die er bereits Anfang des letzten Jahrhunderts aufgestellt hat:

Zitat

„Es gibt tausend Möglichkeiten, Vermögen loszuwerden, aber lediglich zwei, es zu erwerben: Entweder arbeitet man für Geld – oder das Geld arbeitet für einen."

Nachfolgend werden neben dem Daytrading auch Scalping und Swing-Trading kurz beschrieben.

Unterschied Daytrading / Scalping / Swing-Trading

Der Unterschied zwischen diesen drei Varianten des Tradings lässt sich am besten optisch darstellen. Dazu betrachten Sie folgende, einfach aufgebaute Tabellen.

Beispiel Daytrading
Ausgangssituation: Sie erwerben eine Aktie im Wert von 200,00 Euro und wollen diese für 1 Tag anlegen.
Ergebnis 1: Zum Ende des Tages ist der Kurs um 3 % gestiegen. Sie haben einen Gewinn von 6,00 Euro erzielt.
Ergebnis 2: Zum Ende des Tages ist der Kurs um 3 % gefallen. Sie müssen einen Verlust von 6,00 Euro verbuchen.

Beispiel 1-Tages-Verlauf (Daytrading) in Tabellenform

Tag	Steigerung	Wert	Verlust	Wert
1 morgens		200,00 €		200,00 €
1 abends	+ 3 %		− 3 %	
	Ergebnis 1	206,00 €	Ergebnis 2	194,00 €

Beispiel Scalping

Ausgangssituation: Sie erwerben eine Aktie im Wert von 200,00 Euro und wollen diese ab 7:00 Uhr für 1 Minute anlegen. Nach Ablauf dieser Minute verkaufen Sie sofort, kaufen aber gleichzeitig eine neue Aktie zum aktuellen Wert und legen auch diese für 1 Minute an usw.

Ergebnis 1 (7:00 – 7:01): Sie verkaufen die Aktie umgehend mit einem Gewinn von 6,00 Euro.

Ergebnis 2 (7:01 – 7:02): Sie verkaufen die Aktie umgehend mit einem Verlust von -2,00 Euro.

Ergebnis 3 (7:02 – 7:03): Sie verkaufen die Aktie umgehend mit einem Verlust von -2,04 Euro.

Ergebnis 4 (7:03 – 7:04): Sie verkaufen die Aktie umgehend mit einem Gewinn von 6,06 Euro.

Beispiel 3-Minuten-Verlauf (Scalping) in Tabellenform

Uhrzeit	Wert Neuer Kauf	Steigerung / Verlust	Neuer Wert	Gewinn / Verlust	Maßnahme
7:00 – 7:01	200,00 €	+ 3 %	206,00 €	6,00 €	Verkaufen
7:01 – 7:02	206,00 €	– 1 %	203,94 €	– 2,06 €	Verkaufen
7:02 – 7:03	203,94 €	– 1 %	201,90 €	– 2,04 €	Verkaufen
7:03 – 7:04	201,90 €	+ 3 %	207,96 €	6,06 €	Verkaufen

In der Summe haben Sie bei diesen vier Transaktionen Gewinne von 12,06 Euro erzielt, gleichzeitig aber auch Verluste von –4,10 Euro. Dies macht in der Summe einen Gewinn von 7,96 Euro. Nun könnten Sie argumentieren, dass ein Gewinn von 7,96 Euro in vier Minuten nicht so schlecht ist. Auf eine Stunde hochgerechnet würden immerhin mehr als 100 Euro zusammenkommen.

Das ist doch eigentlich ein sehr guter Stundenlohn!

Dies ist aber eine klassische Fehleinschätzung. Vergessen Sie nicht, dass nur ein einziger negativer Trade den Gewinn eines ganzen Tages aufbrauchen kann.

Beispiel Swing-Trading

Ausgangssituation: Sie erwerben eine Aktie im Wert von 200,00 Euro und wollen diese für 10 Tage anlegen.

Ergebnis 1: Über die gesamte Handelszeit von 10 Tagen entwickelt sich der Kurs positiv. Er steigt täglich um 3 %. Zum Ende der Handelszeit haben Sie einen Gewinn von 60,95 Euro erzielt.

Ergebnis 2: Über die gesamte Handelszeit von 10 Tagen entwickelt sich der Kurs negativ. Er sinkt täglich um 3 %. Zum Ende der Handelszeit müssen Sie einen Verlust von 47,95 Euro verbuchen.

Beispiel 10-Tages-Verlauf (Swing - Trading) in Tabellenform

Tag	Steigerung	Wert	Verlust	Wert
1 morgens	+ 3 %	200,00 €	− 3 %	200,00 €
2	+ 3 %	206,00 €	− 3 %	194,00 €
3	+ 3 %	212,18 €	− 3 %	188,18 €
4	+ 3 %	218,55 €	− 3 %	182,53 €
5	+ 3 %	225,10 €	− 3 %	177,06 €
6	+ 3 %	231,85 €	− 3 %	171,75 €
7	+ 3 %	238,81 €	− 3 %	166,59 €
8	+ 3 %	245,97 €	− 3 %	161,60 €
9	+ 3 %	253,35 €	− 3 %	156,75 €
10 abends	+ 3 %		− 3 %	
	Ergebnis 1	**260,95 €**	Ergebnis 2	**152,05 €**

Alle drei Tabellen zeigen Ihnen sehr deutlich, wo die wirtschaftlichen Unterschiede zwischen Daytrading, Scalping und Swing-Trading liegen.

VOR- UND NACHTEILE DAYTRADING

Vorteile:

- Die Arbeitszeiten sind planbar.
- Die Handelsaktivitäten werden am selben Tag gestartet und wieder beendet. Es ist keine Nachverfolgung am Folgetag notwendig.
- Es ist nur ein geringes Startkapital notwendig.
- Die Risikoeinschätzung kann jederzeit erneuert werden.
- Für das Daytrading ist keine Ausbildung im Finanzwesen notwendig.

Nachteile:

- Für Daytrading wird eine lange Einarbeitung benötigt.
- Vorhersagen und Einschätzungen müssen sehr präzise erfolgen.
- Bei Kursen, die sich negativ entwickeln, muss schnell gehandelt bzw. die vorhandene Strategie muss schnell angepasst werden.

VOR- UND NACHTEILE SCALPING

Vorteile:

- Es ist keine hohe Einzahlung zu Beginn der Handelsaktivität nötig.
- Die Ergebnisse kürzerer Handelsvorgänge können dazu dienen, Investitionen zu erhöhen.
- Es besteht keine Notwendigkeit für die Ausarbeitung langfristiger Handelspläne.
- Kurzfristige Kurs- bzw. Trendanalysen bieten häufigere Handelssignale.

Nachteile:

- Es ist anstrengend, da eine hohe Konzentration über den gesamten Handelstag notwendig ist.
- Es sind kaum Pausen möglich, da die Unterbrechung des Tradens Gewinne verhindern, Verluste dagegen forcieren kann.
- Es entstehen höhere Transaktionskosten, die einen erzielten Tagesgewinn zusätzlich schmälern können.
- Erstklassige technische Ausrüstung und eine dauerhaft stabile Internetverbindung werden benötigt. Bei Störungen können weder Gewinne eingefahren noch Verluste verhindert werden.

Vor- und Nachteile Swing-Trading

Vorteile:

➢ Swing-Trading muss nicht 24 Stunden durchgehend durchgeführt werden.

➢ Langfristige Handelsaktivitäten erzeugen weniger Stress und reduzieren dadurch die Fehlerquote.

➢ Handelsschwankungen sind über einen längeren Zeitraum besser einzuschätzen.

➢ Die technische Ausstattung kann sogar über ein Smartphone abgewickelt werden.

➢ Instabile Internetverbindungen sind kein Hinderungsgrund für die Handelsaktivitäten.

Nachteile:

➢ Längere Handelsstrategien können durch nicht vorhersehbare Ereignisse zu höheren Verlusten führen.

➢ Charts können aufgrund der langen Handelsstrategien unübersichtlich werden und zu falschen Einschätzungen führen.

Warum als Daytrader aktiv sein?

Als Daytrader aktiv zu sein, bietet eine Vielzahl von Vorteilen, die allerdings alle in Abhängigkeit von Ihren Zielen und Wünschen stehen.

Sie könnten z. B. folgende Ziele anstreben:

- Eine finanzielle Freiheit anstreben!
- Einen hohen Verdienst erlangen!
- Eine ausreichende Altersvorsorge aufbauen!

Sie könnten aber auch z. B. folgende Wünsche umsetzen:

- Daytrading beruflich betreiben!
- Mit einer freien Zeiteinteilung arbeiten!
- Endlich eigenverantwortlich arbeiten!

Insbesondere die zukünftige berufliche Orientierung kann als größtes Argument für das Daytrading betrachtet werden.

Daytrading als Beruf

Je mehr Ziele bzw. je mehr Wünsche Sie in der Ausübung als Daytrader entdecken, desto größer ist die Neigung, dies als festen Beruf auszuüben. Verfallen Sie aber nicht in den Irrglauben, dass eine gute Ausbildung und eine bisher erfolgreiche berufliche Laufbahn 1:1 umsetzbar auf die Tätigkeit eines Daytraders sind. Alle erlernten Kenntnisse müssen Sie, wie bereits erwähnt, de facto „über den Haufen" werfen. Wenn Sie hauptberuflich als Daytrader an der Börse handeln wollen, müssen Sie sich auf völlig neue Regeln einlassen.

Vermutlich haben Sie in Ihrem erlernten Beruf viele praktische Erfahrungen gesammelt, die man nicht theoretisch aus Lehrbüchern aufnehmen kann. So verhält es sich auch mit dem Beruf als Daytrader. Langjährig aktive Daytrader berichten immer wieder, dass theoretisches Wissen lediglich die Basis für ihre Arbeit war. Richtig gelernt haben sie mit der Zeit, in der sie die Erfahrungen aus der praktischen Arbeit, ganz gleich, ob positiv oder negativ, gesammelt haben. Dies benötigt selbstverständlich Ausdauer und vor allem Zeit. Begehen Sie also nicht den Fehler, in einer sprichwörtlichen „Hau-Ruck-Manier" die Welt der Börse und die Tätigkeit als Daytrader zu erobern.

Tipp!

Starten Sie klein, behutsam und am Anfang mit wenig Kapital.

Was kann ein Daytrader verdienen?

Verlassen Sie sich niemals auf die blumige Werbung im Internet oder den Printmedien, die Ihnen suggerieren wollen, welche riesigen Gewinne Sie in kürzester Zeit durch Daytrading erzielen können. Das wird mit ziemlicher Sicherheit nicht zutreffen. Rechnen Sie eher mit kleineren Gewinnen.

Doch wie lautet ein altes deutsches Sprichwort? **„Kleinvieh macht auch Mist!"**

Ändert man dieses Sprichwort mit den Begriffen Kapital und Gewinn, könnte dieses Sprichwort vollkommen anders lauten: **„Geringes Kapital führt auch zu einem Gewinn!"**

Ihr Verdienst als Daytrader ist abhängig von jeweils drei Komponenten und drei grundlegenden Regeln. Bei den drei Komponenten handelt es sich um:

- Die Höhe Ihres eingesetzten Kapitals!
- Ihre Bereitschaft, Risiken einzugehen!
- Ihre Erfahrung im Handel mit Finanzprodukten!

Bei den drei Regeln sollten Sie Folgendes beachten:

➢ Setzen Sie für jeden einzelnen Trade nicht mehr als 3 % Ihres verfügbaren Kapitals ein.

➢ Steigen Sie bei einem Verlust in Höhe des ursprünglich eingesetzten Kapitals sofort aus dem Trade aus.
Beispiel: Einsatz = 1,5 %, Verlust 1,5 % = **Aussteigen!**

➢ Steigen Sie bei einem Gewinn in doppelter Höhe Ihres eingesetzten Kapitals ebenfalls aus dem Trade aus.
Beispiel: Einsatz 1,5 % = Gewinn 3,0 % = **Aussteigen!**

Wenn Sie diese Komponenten und Regeln beachten, können Sie mit einem erträglichen monatlichen Einkommen rechnen. Nachfolgend ein Beispiel über einen möglichen **Tagesverdienst** eines Daytraders bei 10 Trades mit 1 Aktie am Tag. Berücksichtigung findet in diesem Beispiel ein Anteil von jeweils 50 % Verlust- und Gewinntrades und ein kontinuierlicher Einsatz von 1,5 % Ihres vorhandenen Kapitals pro Trade.

Tag	**Trade**	**Vorhandenes Kapital**	**Einmaliger Einsatz**	**Gewinn**	**Verlust**
Montag	**1**	**10.000,00 €**	– 150,00 €	+ 300,00 €	
Montag	**2**	**10.150,00 €**	– 154,50 €	+ 309,00 €	
Montag	**3**	**10.304,50 €**	– 159,00 €		– 60,00 €
Montag	**4**	**10.085,50 €**	– 156,00 €	+ 312,00 €	
Montag	**5**	**10.241,50 €**	– 161,00 €		– 81,00 €
Montag	**6**	**9.999,50 €**	– 159,00 €		– 47,00 €
Montag	**7**	**9.793,50 €**	– 156,00 €	+ 312,00 €	
Montag	**8**	**9.949,50 €**	– 161,00 €	+ 322,00 €	
Montag	**9**	**10.110,50 €**	– 166,00 €	+ 300,00 €	
Montag	**10**	**10.244,50 €**	– 163,00 €		– 63,00 €
		10.018,50 €	**Kapitalstand nach 10 Trades**		
Gewinn /Verlust		**+ 18,50 €**			

Das Resümee dieses Tages sieht wie folgt aus:

Sie haben am Montag insgesamt 10 Trades durchgeführt. Davon haben 4 Trades mit Verlust und 6 Trades mit Gewinn abgeschlossen. Im Tagesergebnis hat sich Ihr Kapital von 10.000,00 Euro auf 10.018,50 Euro erhöht.

Sie haben an diesem Handelstag als Daytrader einen niedrigen **Gewinn von 18,50 Euro** erzielt!

Dieses Beispiel hat allerdings als Grundlage einen Trade mit lediglich 1 Aktie. Das spiegelt deutlich wider, dass der Verdienst eines Daytraders, der im „kleinen Stil" agiert, nicht unbedingt üppig ausfällt.

Zum Leben zu wenig!

Ändern können Sie diese Situation allerdings, wenn Sie als Daytrader mit größeren Margen traden. Traden Sie nicht nur mit 1 Aktie, sondern beispielsweise mit 50 Aktien. Dann würde mit dem Beispiel als Grundlage ein **Tagesgewinn von 925,00 Euro** erzielt werden.

Zum Leben vermutlich ausreichend!

Dieses Beispiel zeigt ein positives Ergebnis eines Daytradings auf und verdeutlicht Ihnen, welche Verdienstmöglichkeiten für einen Daytrader bestehen. Sie müssen aber immer davon ausgehen, dass nicht jeder Tag positiv verläuft, sondern auch tägliche Verluste einkalkuliert werden müssen.

Die Entscheidung, Daytrading zum Beruf zu machen, sollte also wohl überlegt sein!

Womit sollte ein Daytrader handeln?

Grundsätzlich eignen sich für das Daytrading Finanzprodukte, die eine hohe **Volatilität** (Schwankungsbreite) aufweisen und durch eine ausreichende **Marktliquidität** (schnelle Kauf- und Verkaufsmöglichkeiten) verfügen.

Für die Volatilität gelten zwei Grundsätze:

1. Je höher die Volatilität ausfällt, desto stärker zeigen sich die Schwankungen dieser Aktie. Das bedeutet einerseits, dass eine Investition in diese Aktie mit einem hohen Risiko (rasanter Kursverlust) und einem hohen Verlust verbunden ist. Andererseits sprechen starke Schwankungen aber auch für schnelle Gewinne.

   Investitionen in Aktien mit einer hohen Volatilität bedürfen einer individuellen Risikoentscheidung Ihrerseits!

2. Je niedriger die Volatilität ausfällt, desto geringer zeigen sich die Schwankungen dieser Aktie. Das bedeutet einerseits, dass eine Investition in diese Aktie mit einem sehr geringen Risiko verbunden ist und schnelle Gewinne möglich sind. Andererseits sind bei derartigen Aktien kaum abstürzende Kurse und damit Verluste zu erwarten.

   Investitionen in Aktien mit einer niedrigen Volatilität sind in der Regel eine sehr stabile Anlage!

Die Marktliquidität ist eine Kennzahl, die zweierlei beschreibt:

1. Wie viele Trader, Käufer bzw. Verkäufer, sind aktuell beim Handel einer Aktie aktiv?

2. Wie reibungslos erfolgen die entsprechenden Transaktionen?

Bei einer hohen Anzahl von Tradern und schnell durchführbaren Transaktionen spricht man von einem liquiden Markt. Das Gegenteil dazu ist ein illiquider Markt. Ein liquider Markt spricht dafür, dass ein Verkäufer sehr schnell einen interessierten Käufer findet und der Handel ohne Wertverlust und größeres Risiko abgewickelt werden kann. Bei einem illiquiden Markt gilt das genaue Gegenteil.

Trading bei Aktien mit einer hohen Marktliquidität sind in der Regel ohne Wertverlust und Risiko abwickelbar.

Finanzprodukte, die diese Bedingungen bestens erfüllen, sind u. a. Aktien, Edelmetalle, Rohstoffe und Währungen (auch Kryptowährungen). Für einen Daytrader sind diese Finanzprodukte besonders interessant, wenn über einen längeren Zeitraum Preise und Mengen statistisch erfasst und als Kursmuster grafisch dargestellt werden können. Daraus können Sie als Daytrader wertvolle und vor allem entscheidende Rückschlüsse ziehen.

Regeln für ein erfolgreiches Daytrading

Trading-Plan erstellen

Ihre Entscheidung, zukünftig ein Teil Ihres Einkommens, vielleicht sogar Ihr komplettes Einkommen, mit Daytrading zu verdienen, sollte von Ihnen ähnlich wie ein Businessplan für unternehmerische Neugründungen betrachtet werden. Kaum jemand, der sich mit dem Handel von Finanzprodukten beschäftigen will, ist sich im Klaren darüber, wie es eigentlich umfassend funktioniert. Sie müssen eine Menge lernen und können nicht auf Glück hoffen. Doch neben dem Lernen ist Ihre persönliche Strategie ausschlaggebend. Sie sollten zwingend einen persönlichen Trading-Plan erstellen. Dabei stellen sich sofort zwei Fragen:

1. Was ist ein Trading-Plan?
2. Was wird im Trading-Plan hinterlegt?

Was ist ein Trading-Plan?
Ein Trading-Plan ist gleichzusetzen mit einem Businessplan. Der Trading-Plan ist das gesetzgebende Blatt für Ihre zukünftige Tätigkeit als Daytrader. Sie sollen zu jedem Zeitpunkt wissen, was zu tun ist, um Fehler zu vermeiden. Ihr Trading-Plan soll den Unterschied aufzeigen zwischen professionellem Trading und halsbrecherischem Glücksspiel.

Trotz des „technischen" Inhalts Ihres Trading-Plans sollte die Individualität allerdings nicht zu kurz kommen. Gerade diese Individualität unterscheidet dann doch Ihren Trading-Plan von einem klassischen Businessplan. Je strukturierter Sie Ihren Trading-Plan aufstellen, desto positiver wird er Ihr Traden beeinflussen.

Was wird im Trading-Plan hinterlegt?
Ihr Trading-Plan sollte u. a. wichtige Informationen zum Ablauf eines Tradings, eine Aufstellung der unterschiedlichen Handelszeiten an den Börsen, Informationen zu der Vielzahl von Finanzprodukten, aber auch Darstellungen zu Ihren persönlichen Zielen enthalten und ebenso, besonders wichtig, wie Sie sich motivieren wollen, um genau diese Ziele zu erreichen. Folgende Details sollten aber auf jeden Fall im Trading-Plan hinterlegt werden:

- Die Ziele, die Sie sich selbst gesetzt haben
- Ihre Motivation
- Welchen Zeitaufwand Sie pro Tag aufwenden wollen
- Festlegung der Finanzprodukte, mit denen Sie traden wollen

- Die Märkte und deren Öffnungszeiten, die von Ihnen bedient werden sollen
- Ihre bevorzugten Zeiteinheiten für das Trading, Ihre wichtigsten Trading-Regeln
- Die Positionsgrößen (von ... bis ...), in denen Sie traden wollen
- Die Haltedauer der einzelnen Trades
- Strategien, die Sie befolgen wollen, z. B.: Ein- und Ausstieg bei besonderen Situationen
- Allgemeine, bereits erlernte Trading-Regeln
- Die Höhe des verfügbaren Kapitals
- Die detaillierte Höhe des eingesetzten Kapitals

Der Ertrag hat immer Vorrang

Kein Daytrader wird ausschließlich Gewinne erzielen. Verluste gehören zum Traden einfach dazu. Während Gewinne den Daytrader erfreuen, erzeugen Verluste genau das Gegenteil. Im Regelfall wird dann beim nächsten Trade mit etwas mehr Risiko (Verdoppelung des Geldeinsatzes) versucht, den Verlust wieder auszugleichen. Doch genau diese Situation kann sehr schnell dazu führen, dass Ihr Trader-Konto sich schneller leert, als es Ihnen lieb ist.

Lassen Sie sich nicht durch Verluste verwirren. Begehen Sie auch nicht den Fehler, durch eine doppelt hohe Investition den ersten Verlust wieder auszugleichen. Sie begeben sich damit in eine unendliche Spirale, die zum Schluss böse endet. Bleiben Sie ruhig und investieren Sie weiter.

Nicht zu viele Handelsplattformen gleichzeitig nutzen

Die Auswahl der Handelsplätze sollte überschaubar sein. Konzentrieren Sie sich zu Beginn als Daytrader auf eine, maximal zwei Handelsplattformen und nutzen Sie diese, um neben dem Traden auch die Funktionsweisen zu erlernen. Erst wenn Sie sich absolut sicher fühlen, erweitern Sie die Anzahl der Handelsplätze. Das Ganze ist allerdings auch abhängig von der Art des Finanzproduktes. Nicht an allen Börsen werden auch alle Finanzprodukte gehandelt.

Nur mit festen Positionsgrößen handeln

Die Auswahl der Positionsgrößen, mit denen Sie traden wollen, sollte zu einer der wichtigsten Regel bei Ihrem Trading werden. Bestimmen Sie Ihre Trades nach Ihrer Risikobereitschaft. Bedenken Sie dabei aber immer, dass Daytrading zwar auf Kurzfristigkeit aufgebaut ist, Sie selbst aber eher langfristig planen. Beginnen Sie daher immer mit kleineren Positionsgrößen und behalten Sie diese für jeden Fall aufrecht, auch wenn Sie einen scheinbar gewinnbringenden Deal analysieren. Das Problem liegt in Ihrer Psyche. Wenn Sie erst einmal Ihre Positionsgrößen erweitern, vielleicht sogar Erfolg haben, werden Sie niemals wieder auf die kleineren Positionsgrößen zurückkommen. Einfach ausgedrückt: Sie werden Blut lecken! Genau diese Ausgangslage führt zu Leichtsinnigkeit, zur eigenen Überschätzung und möglicherweise auch zum Verlust Ihres Kapitals.

Beispiel: Sie starten mit einem Kapital von 500,00 Euro. Sie legen pro Trade eine Investitionshöhe von 25,00 Euro fest. Gleichzeitig wollen Sie sich in Ihrer Anfangsphase auf lediglich zwei Trades pro Tag konzentrieren.

Woche 1 / Tag	**Anzahl Trades**	**Einsatz gesamt**	**Gewinn pro Tag**	**Verlust pro Tag**
Montag	2	2 x 25 = 50,00 €	40,00 €	
Dienstag	2	2 x 25 = 50,00 €		– 10,00 €
Mittwoch	2	2 x 25 = 50,00 €	25,00 €	
Donnerstag	2	2 x 25 = 50,00 €	25,00 €	– 10,00 €
Freitag	2	2 x 25 = 50,00 €	35,00 €	

Woche 2 / Tag	Anzahl Trades	Einsatz gesamt	Gewinn gesamt	Verlust gesamt
Montag	2	2 x 25 = 50,00 €		– 25,00 €
Dienstag	2	2 x 25 = 50,00 €	40,00 €	
Mittwoch	2	2 x 25 = 50,00 €	45,00 €	
Donnerstag	2	2 x 25 = 50,00 €		– 15,00 €
Freitag	2	2 x 25 = 50,00 €	50,00 €	
Summe			260,00 €	60,00 €

Nach zwei Wochen haben Sie einen Gewinn von 200,00 Euro (Gewinn = + 260,00 Euro / Verlust – 60,00 Euro) zu verzeichnen. Ihr verfügbares Kapital erhöht sich dadurch auf insgesamt 700,00 Euro. In den kommenden zwei Wochen könnten Sie jetzt, rein rechnerisch, Ihr Investment auf 35,00 Euro pro Trade erhöhen.

Natürlich ist dieses Beispiel rein theoretisch zu betrachten. Allerdings ist ein Punkt dann doch von Interesse: der Gesamtverlust von 60,00 Euro. Ohne die Gewinne hineinzurechnen, hätten Sie Ihr Anfangskapital bereits nach zwei Wochen um 12 % reduziert – nicht daran zu denken, wenn Sie mit einem höheren Einsatz in die Trades eingestiegen wären.

Regeln festlegen

Sie haben bereits eine Menge über Strategien, Vorgaben und allgemeingültige Verfahrensregeln erfahren. Von besonderer Bedeutung sind aber Ihre individuellen Regeln. Diese sollten Sie sehr überlegt definieren, danach in Ihr Trading-Tagebuch (am besten auf der 1. Seite!) eintragen und sich vor jedem Trade und während eines Trades immer wieder vor Augen führen. Nachfolgend eine kleine Auswahl von Regeln, die allerdings nicht zwingend von Ihnen angenommen werden müssen:

- Daytrading ist kein Glücksspiel!
- Daytrading-Plan strikt beachten!
- Während der ersten 10 Minuten nach Eröffnung nicht in den Trade eingreifen!
- Jeden Trade nach Abschluss noch einmal genau überprüfen!

- Setzen Sie grundsätzlich Stop-Loss-Orders und Limit-Orders ein!
- Beherrschen Sie sich und werden Sie bei einem Trade nicht unruhig, auch wenn er sich negativ entwickeln sollte. Durch gesetzte Orders beherrschen Sie die Situation.
- Akzeptieren Sie Verluste, aber ...
- ... belohnen Sie sich bei Erfolgen.

Typische Anfängerfehler vermeiden

Viele Einsteiger beim Daytrading begehen bereits vor dem ersten Trade den ersten Fehler. Daytrading verspricht keinen schnellen Gewinn und schon gar keinen schnellen Reichtum. Daytrading weist auch Gefahren auf, die genau zum Gegenteil führen können: die persönliche Pleite. Um dies zu vermeiden, sollten Sie typische Fehler vermeiden, um Ihre Vision von einer einkommensstarken Tätigkeit nicht zu gefährden.

Auch wenn einige dieser Fehler bereits in den vorherigen Kapiteln kurz erwähnt wurden, macht es sicherlich Sinn, die sechs typischen Fehler noch einmal im Detail zu betrachten.

1. Fehler

Daytrading ist kein Zeitvertreib und schon gar nicht als Hobby zu betrachten. Ihre Hobbys betreiben Sie zur persönlichen Unterhaltung. Daytrading dagegen ist nicht nur harte Arbeit. Es erzeugt Stress und ist auf Dauer auch ermüdend. Daraus resultierend kann Daytrading nicht einmal so nebenbei durchgeführt werden. Als Daytrader müssen Sie während der offiziellen Börsenzeiten stundenlang vor dem Computer sitzen, um Kurse zu beobachten und ggf. An- und Verkäufe zu veranlassen. Dazu kommen die Entwicklungen von Strategien und Mustern für die kurz- und mittelfristige Beobachtung der Kurse.

2. Fehler

Wie schon beschrieben: Die Qualität und die Professionalität eines Daytraders stehen und fallen mit der Ausbildung. Nehmen Sie sich die Zeit einer gründlichen Lernphase. Nutzen Sie die Möglichkeiten eines Übungs-/Demokontos. Hierbei setzen Sie nicht Ihr persönliches Kapital ein, sondern arbeiten mit virtuellem Geld. Allerdings sind auch Gewinne bzw. Verluste dadurch nicht real zu bewerten.

Wichtig!

Bevor Sie ein Demokonto eröffnen, informieren Sie sich über die Geschäftsbedingungen des Brokers. Teilweise sind diese Demokonten nur kurzzeitig kostenlos.

3. Fehler

Entwickeln Sie für Ihr Daytrading eine Strategie. Ohne Strategie neigt man zwangsläufig zu risikoreichen Trades. Beschreiben Sie bereits im Vorfeld, wie Sie beim Traden vorgehen wollen. Wählen Sie zu Beginn eine risikoarme Strategie, z. B. den Handel mit Aktien, die weniger heftigen Kursschwankungen ausgesetzt sind, aber trotzdem über einen längeren Zeitraum hohe Dividenden ausgeschüttet haben. Darauf aufbauend, mit Erweiterung Ihrer Kenntnisse, nähern Sie sich den etwas risikoreicheren Finanzprodukten mit kurzfristigeren Kursschwankungen.

4. Fehler

Setzen Sie beim Daytrading ausschließlich Geld ein, dessen kompletten Verlust Sie auch verschmerzen können. Erweitern Sie Ihr finanzielles Polster ausschließlich durch einen Teil möglicher Gewinne. Ziehen Sie notfalls rechtzeitig die Notbremse, um nicht in ein finanzielles Desaster zu stürzen.

5. Fehler

Werden Sie nicht gierig! Anfängliche Erfolge, ganz gleich, ob im Übungskonto oder im realen Konto, sind keine Selbstläufer. Bleiben Sie ruhig und besonnen. Erfolge verführen auch dazu, den Überblick zu verlieren und Zeitpunkte zu verpassen, an denen ein Verkauf sinnvoll wäre, wodurch mögliche Verluste zu spät bemerkt werden.

6. Fehler

Unterschätzen Sie nicht den Suchtfaktor. Nicht nur Drogen machen abhängig, auch Erfolg und Gier können, da sie leider sehr dicht beieinanderliegen, schnell in eine Sucht ausarten. Die dann nicht mehr nachvollziehbaren und teilweise risikoreichen Handlungen haben bereits Existenzen zerstört. Bleiben Sie also ruhig und besonnen auf Ihrem Weg zu einem erfolgreichen Daytrader.

FÜHREN EINES DAYTRADING-TAGEBUCHES

Vermutlich werden Sie sich jetzt fragen, warum Sie ein Trading-Tagebuch führen sollen. Schließlich wollen Sie Geld verdienen und kein Schreibbüro eröffnen. Ein erfolgreiches Daytrading ohne Plan und Strategie kann allerdings schnell zu einer Lotterie oder einem Glücksspiel werden. Gerade am Anfang Ihrer „Karriere“ als Daytrader sollten Sie auch zurückschauen. Ein Tagebuch ist dabei ein ausgezeichnetes Hilfsmittel. In diesem Tagebuch sollten Sie neben täglichen Aufzeichnungen Ihre Aufmerksamkeit auf einige wichtige Aspekte legen, z. B.:

- Was war erfolgreich, was weniger erfolgreich?
- Welche Strategie hat beim Daytrading Erfolg, welche hat keinen Erfolg gehabt?
- Welche Gründe lagen vor, damit Sie in genau diesen Trade eingestiegen sind?
- Welche Gründe lagen für einen Ausstieg aus dem Trade vor?
- usw.

Genau diese Fragen, und vor allem die Antworten dazu, sollen Ihnen später helfen, richtige Entscheidungen zu treffen. Worauf basieren aber richtige Entscheidungen? Im Regelfall auf Erfahrungen! Leider neigt der Mensch aber zur Vergesslichkeit. All das sind Gründe, sämtliche Maßnahmen, Aktionen usw. detailliert niederzuschreiben, und genau dazu soll das Trading-Tagebuch dienen. Ganz nebenbei erfüllt ein Tagebuch auch die Bedingungen eines Kontrollinstruments. Ein Blick ins Tagebuch kann Ihnen z. B. aufzeigen:

- Haben Sie sich an die ursprüngliche Strategie gehalten?
- Welche Fehler sind vorgekommen?
- Waren Korrekturen bzw. Anpassungen zielführend?
- Welche Erkenntnisse konnten Sie aus abgeschlossenen Trades ziehen?
- Welche Gründe führten zu Gewinnen bzw. zu Verlusten?
- Wie können Sie Ihr Daytrading zukünftig optimieren?
- Konnten Sie Probleme mit anderen Tradern besprechen und lösen?
- usw.

Inhalte eines Daytrading-Tagebuches

In welcher Form Sie Ihr Trading-Tagebuch erstellen, ist Ihnen selbstverständlich frei überlassen. Wichtig sind allein die Informationen, die enthalten sind. In der Praxis haben sich aber drei Varianten eines Tagebuches herauskristallisiert:

Trading-Tagebuch handgeschrieben auf Papier

Im Grunde reicht ein einfacher Schreibblock, um ein Tagebuch einzurichten. Auch spezielle Formblätter gibt es im Fachhandel zu kaufen. Ob aber diese „Zettelwirtschaft" sinnvoll ist, lässt sich sicherlich bezweifeln.

Trading-Tagebuch digital in einer Tabelle (z. B. mit Microsoft Excel)

Hierbei handelt es sich um die am meisten genutzte Variante. Der Vorteil liegt bei dieser Variante darin, dass Sie als Daytrader Ihr Tagebuch individuell gestalten können, mit Eintragungen, die Sie für nötig halten. Allerdings sollten einige „Pflicht-Eintragungen" eingeplant werden. Nachfolgend ein Vorschlag, basierend auf den Bereichen Information, Trading und Empfindung.

Informationen

Nr. des Trades*	Datum Eröffnung	L / S**	Phase des Trends	Gewählte Strategie

*Könnte z. B. die entsprechende ID aus dem Handelsprogramm sein. **Long (Kaufen) und Short (Verkaufen)

Trading

Größe der Position	Kurs-Einstieg	Kurs-Ausstieg	Grund Ausstieg	Vorgegebene Limits

Empfindungen

Risikoeinschätzung	Pers. Empfindung***

***Z. B. Skala von 1 (schlecht) bis 10 (sehr gut)

Auswertung eines Daytrading-Tagebuches

Schlussendlich gehört zur Führung eines Daytrading-Tagebuches auch die Analyse der Eintragungen. Nehmen Sie diese regelmäßig, in Abhängigkeit von Ihren Trading-Aktivitäten, vor! Scheuen Sie sich dabei nicht, auch Kritik an Ihren Entscheidungen zu üben und diese niederzuschreiben.